「脱」戦後のすすめ

佐伯啓思
社会思想家・京都大学名誉教授

603
中公新書ラクレ

まえがき

多くの人が、今日、世界も日本も大きな変動期にある、という。たとえば、この一〇年ほどの日本をみてみよう。平成でいえば一〇年代の終わりごろから、西暦でいえば二〇〇〇年代の半ばごろからだ。

矢継《つ》ぎ早に様々な出来事が生じ、実に目まぐるしく世間は動いている。リーマンショックの余波で、日本経済も一気に悪化し、デフレ経済へと落ち込む。中国経済が急成長し、大国化してゆく。日中間で尖閣問題が先鋭化する。民主党政権が誕生する。東日本大震災が発生し、原発事故が起きる。民主党政権が崩壊し、第二次安倍内閣が誕生する。アベノミクスが始まる。大阪で橋下現象が生じる。ピケティ・ブームで所得や資産の格差が問題とされる。東京オリンピックの開催が決まる。EUへ移民が流れ込み、英国のEU離脱が決まる。米国でトランプ大統領が誕生する。北朝鮮の核武装が本格化し、米朝での緊張が高まる。インバウンドで日本に海外から観光客が押し寄せてくる。AIやロボットや生命科学がブームとなり成長戦略への期待が高まる……。

誰でもが知っている事態をごくざっと眺めただけでも、これだけのことが生じている。わずか一〇年ほどの間に、だ。大変動期といってよいだろう。

そのことに私も異論はない。確かに、日本は大きな変動の時代に入っているのだろう。もちろん、それは日本だけのことではなく世界という舞台をみても同じである。とはいえ、ここでは「世界」はひとまず置いて、「日本」に的《まと》を絞ろう。

確かに目まぐるしく時代は動いている。だが、それで、果たして、日本はうまくいっているのだろうか。それともかなり深刻な問題を抱えているだろうか。アベノミクスは成功したのか失敗したのか。日本の政治はうまくいっているのかどうなのか。政治改革や構造改革は結局、何だったのか。AIやロボットはわれわれに何をもたらすのか。そもそもわれわれは「進歩」しているのか。そして、結局、われわれはどこへ向かっているのだろうか。

このように問うてみると、まったく答えはみえない。いや、その前に、そもそも、こんな問いを誰もなかなか発しようともしない。それよりも、目の前で生じる出来事や事態の変調への対応で精一杯なのだ。

だから、上にあげたこの一〇年ほどの出来事のなかで、前の方におかれたものなど、わざわざ記憶から取り出しでもしなければ、もう忘れ去られようとしている。リーマンショックにしても、ピケティ・ブームにしても、民主党政権にしても、そして、あの東日本大震災でさえも、もはや海馬の後ろの方に追いやられてしまっているようにさえみえる。

かくて、われわれは筋金入りの健忘症におかされているのかもしれない。しかし、もうひとつ理由がある。それは、この大変動期のなかで生じる出来事は、確かに変動ではあるものの、それらが、われわれを先へ先へと進めてゆくという種類のものではなく、手を変え、品を変え、同じようなことが生じている、という印象がある。

変動やら変革やらといいながら、われわれは決して先に進むことなく、同じような場所にあって、ただただ右往左往して動揺しているだけではないか、という気がしてくる。次々と生じる事態の意味を確定することができないのである。ハツカネズミも顔負けに動きまわって、事態に対応したり変革を生み出しているのだが、実は、同じようなところでグルグルと踊っているだけだ、といってもよいだろう。

要するに、ある出来事や状況を支えにし、それを土台にして次の段階へと移行する、というようなものではない、ということだ。たとえば、一九六四年の東京オリンピックは、確かに、戦後の歴史のひとつの画期をなし、しかも、それを土台にして、日本はさらに次の段階へと移行していった。ところが、二〇二〇年に予定されている次の東京オリンピックについてそのような感覚をもつことはかなりむずかしい。そもそも、メインスタジアムの工事が間に合うかどうか、などと危惧《きぐ》されているのである。

かくて、今日、目まぐるしく生じる多様な出来事が、相互につながって、次の段階へとわれわれを連れてゆく、という感じがもてない。ましてや、それを「進歩」と断じるなどという期待をこの現状に寄せる楽観論者などかなり希少な部類になるだろう。六〇年代には、電気製品にせよ、自動車にせよ、新技術の導入は、確実に人々の生活の向上を実感させた。しかし、今日のＡＩやロボットや生命科学について誰もが同じような期待をもつことができるのだろうか。

私は、いつのまにか、われわれの生きているこの時代を、「文明の衰退のプロセス」とみる習癖《しゅうへき》を身につけてしまったようである。西洋が生み出した現代文明が驚くべき利便性をもたらし、人間を自由にし、平等化を進め、富を生み出し、人間の幸福の可能性を高めたことは否定できないだろう。しかし、そのピークはもはや過ぎたし、いまや、われわれは、この現代文明の衰退へ向かっているのではないか、という思いが強い。もはや「進歩」を容易に信じることのできる時代にはわれわれはいない。そのことに間違いはないと思う。

そして、何といっても困ったことに、今日の日本は、まさしく、この「文明の衰退のプロセス」の実験場になっているようにも見える。それには理由がある。それは、戦後の日本こそ、西洋が生み出し、アメリカが引き継いだ「近代主義」をほとんど無条件で受け入れ、「アメリカのような近代社会」への接近を「文明の進歩」だと見なしたからである。

ただし、ひとつ、アメリカとは大きな違いがある。それは、平和主義という日本独特の「国の構造」である。武力を放棄する平和主義はアメリカにはない。ないどころではない。ありすぎるほどである。しかし、日本独特の平和主義も、実は、占領期間中にアメリカが作成をした「日本国憲法」によることを考えれば、平和主義も近代主義もすべてアメリカによる手引きだった、ということになろう。

日本の戦後は、こうして、アメリカという大きな枠組みのもとで、平和憲法、日米安保体制、そして民主主義と経済発展を実現してきた。それは、戦後日本の変則的な近代化であった。繰り返すが、平和憲法プラス日米安保体制を前提とし、民主化と経済成長を達成することがわれわれの幸福である、という信条がある。これは、保守派にも革新派にも共有された戦後日本の世俗宗教のようなものであった。

ところが、この戦後日本の世俗宗教は、今日うまくいかない。世界をみれば平和主義はもはややもたず、アメリカをみれば日米同盟も無条件で信頼はできず、民主主義は世界中で問題を起こし、グローバリズムは経済成長を生み出すとは限らない。近代主義は、世界的状況でみれば、衰退へ向かっているというほかない。ということは、その変則的な縮図である戦後日本の近代主義もまた、衰退へ向かう、ということになろう。

本書は、このような考えによって書かれている。「「脱」戦後のすすめ」というタイトルもそこからきている。ハツカネズミのように、あまりあわただしく動き回り、改革や変革を唱えることをやめて、少し立ち止まってみようといいたい。そのうえで、「現代文明の衰退と混乱」という遠近法をまずは設定して、その焦点に合わせて今日の日本を論じたいのである。

本書は、一種の時論ではある。取り上げられたテーマは、この一〇年ほどに生じた現象であり、それらは、すべて雑誌『表現者』(三〇号―七三号)に掲載されたものだ。その意味では、時々の時事的テーマを扱った論考ではあるものの、いわゆる時論そのものではない。時事的なネタをダシにした現代文明論といってよい。

いまそれらを一つの書物にまとめてみると、幾分かの繰り返しもあり、とくに、政治の問題(民主主義論)や憲法と安全保障の問題などが、しばしば論じられている。そして、そのことひとつとっても、この一〇年ほど、われわれは、いささかたとえは悪いが、何やら小脳に麻痺を起こしたかのように、同じ場所をグルグルまわっていたかのようにみえる。終わったはずの問題が、ふたたび顔を出すのである。
既述のように、本書は、評論家の西部邁氏が主宰する雑誌『表現者』に掲載された論考をほぼそのまま収録している。ただ、収録は時系列的なものではなく、いくつかの主題のもとへ編集している。本書の出版を強く進めていただき、猛スピードでしかもたいへんに丁重に本書を編んでいただいた中央公論新社の横手拓治さんには深く感謝する次第である。また、この雑誌を主宰する西部氏や編集長の富岡幸一郎さん、それに編集作業にあたられた方々にも感謝の意を伝えたい。奇跡的といいたいほど長く続いたこの独自の雑誌もそろそろひと段落つくというそのタイミングで、本書が刊行されることを著者はたいへん光栄に思っている。

平成二十九年十月十七日

佐伯啓思

目次

第Ⅳ章　日本の悲劇

本文ＤＴＰ／今井明子

第Ⅰ章　「進歩」の崩壊

嘘で動く文明的野蛮

いまさらいうまでもないが、二〇一六年十一月のトランプ大統領の誕生は、象徴的にいえば、世界史的な意味をもっている。いや、文明史的な、といってもよい。トランプ大統領の登場によって世界は大きく変わるとしばしばいわれるが、そうではなく、世界の変質がトランプを大統領に押し上げたのである。「トランプは何をするかわからない」などという人がいるが、これもそうではなく「何がおきるかわからない世界になったからトランプが出現した」のである。

想像してみるだけのことではあるが、おそらく、一九三〇年前後のヒトラーの登場もそうだったのではないか、と思う。突然変異的にアドルフ・ヒトラーという変質者が登場して世界を引っ掻《か》き回したのではない。大戦後のヨーロッパ全体を覆《おお》う不穏な空気、ロシア革命による社会主義者の跋扈《ばっこ》、それがうむ資本主義の全般的な危機感、既成の価値観や社会制度（緩やかな階級社会）の崩壊と、間隙《かんげき》をぬうような新奇な実験に翻弄される文化、たとえば、今日でいうポストモダンにあたるダダイズムが出現し、快楽主義が花開き、ストラヴィンスキーの音楽に示される原始回帰がうまれ、「失われた世代」がパリやニューヨークを徘徊《はいかい》する。日本では「エロ、グロ、ナンセンス」の時代だ。しかもこの時代は、ラジオ、新聞、写真雑誌、通信機器が次々と出現するというIT革命の時代でもあった。この混沌とした、価値の軸が失われた世界状況こそがヒトラーを誕生させたのであろう。

トランプに話を戻すと、彼の政策そのものは、もう少し穏やかに提示され、反対派への説得を伴って（つまり、メディアと協調しつつ）実行されれば、別におかしなものではない。グローバリゼーションも自由貿易主義もうまくいかない時代に、保護主義が出現することは不思議ではない。一定の節度を伴い他国との相互性のもとで保護主義を行うことは、むしろ必要な政策である。雇用確保のための大規模な公共投資も必要である。市場原理主義がほぼ失敗したのだから、ケインズ主義へ転換することは不思議なことではない。移民制限政策も決しておかしなことではない。アメリカの総人口三億二〇〇〇万弱のうち移民はおおよそ四五〇〇万人であり、そのうちの不法移民は何と一一〇万であある。東京都の人口に匹敵するほどの不法移民がいる。そのうちの五三％がメキシコからなのである。法律家であったオバマ大統領がこの不法を容認していた方がおかしいのであって、入国制限そのものはむしろ当然であろう。

にもかかわらず、おそらく、誰か別の大統領が登場して、メディアを説得し、議会と協調し、穏やかにこの種の政策を進めようとしてもうまくはいかなかっただろう。今後、これらのトランプ政策がどのように推移するかはわからない。しかし、確かなことは、トランプのもつあの極端な人格上の個性がなければ、これらの政策はおそらくこれほど明確な形で俎上《そじょう》に上ることはなかっただろう、ということだ。

アメリカという国は、偽善によって成り立っている。個人の自由、平等主義、文化的多様性、人権の尊重、理性的な討論、こうしたものを共有価値にする、という前提によって成り立ってきた。これは未来へ向けて掲げる限りでは理想となるが、いまここで現実に掲げれば偽善になる。誰もが、この国がこのような「アメリカ的理念」では成り立っていないことを知っている。しかし、いずれはこの理想に向けてアメリカは進歩すると説得できれば、この偽善は偽善として機能する。偽善がなければ、もっと醜い現実がむき出しになるからである。しかし、トランプはこの偽善のヴェールを取り去ってしまった。いや、一九九〇年代のグローバリズムのもとで大きな経済的格差を生み出し、二〇〇一年の九・一一テロでイスラム過激派と「戦争」状態にはいり、二〇〇八年のリーマンショックで金融中心経済が崩壊したアメリカでは、もはや偽善のヴェールは機能しないところまできていたのである。

このヴェールを平然と引っ剝がすのは、とてつもない野蛮人である。野蛮人であるという証拠は、何よりも彼は人種差別主義者であり、セクハラ親父であり、いくらでも平気で前言をひっくりかえす「嘘つき」野郎だというのが、大手メディアや知識層のトランプへの非難である。彼は、いくら大富豪であろうと、文明の仮面をかぶった野蛮人だというのだ。

ところが、トランプからすれば、事態はまったく逆である。「アメリカの崇高な理念」という偽善に身を隠し、自らの特権を享受してきた大手メディアやエリートたちこそが、文明の顔をした野蛮人だということになる。アメリカは自由な国だといって自己利益を合理化し、平等の国だといって白人優位主義を覆い隠し、多文化に寛容な国家だといってイスラム教徒やメキシカンなどを二流市民として扱う。これこそが「文明的野蛮」というべきものであろう。だから、彼は「メディアは嘘つきだ」という。それはメディアがアメリカの偽善を前提とすることで成り立っているからだ。そして、このきわめてよくできた「文明的な野蛮」に対抗するには、もうひとつの徹底した野蛮が必要になるのである。

私には、トランプがそこまで自覚的であるのかどうかはよくわからない。少々、買いかぶりすぎかもしれない。しかし、トランプを押し上げた目に見えないエネルギーがあって、その核になるのは、このような事情であったとみてよかろう。そしておそらくは、かつてヒトラーを生み出したドイツを（とくに若者たちを）とらえたエネルギーもこの種のものだったと思われる。

さて、もしそうだとすれば、このことは何を意味しているのだろうか。個人の自由、平等、人権、多文化共存、寛容の精神、理性的討議、技術革新による富の創出、これらこそが「アメリカ的価値」である。それこそが人類に福音をもたらす、というのがアメリカの世俗的信仰である。これはもともと、ヨーロッパの近代社会が生み出したものであるが、二十世紀にはいってアメリカが高く掲げ、二十一世紀にはいってグローバル・スタンダードとみなされるようになる。とすれば、それが壮大な偽善であるならば、今日のグローバリズムそのものが偽善、ということになる。グローバルな世界そのものが、内に野蛮を隠しもった文明だ、ということになる。冷戦後の世界で、そのことを最初に強く意識したのはイスラム過激派であった。そして、ヨーロッパやアメリカに移住したイスラム教徒であった。次にはやがて、西洋人さえも、とりわけ、近代主義の恩恵にあずかれない「ふつうの白人労働者」や「ふつうの若者」も気づき始めたのである。だからこそ、事態は深刻である。アメリカだけのことではないのだからだ。

この、近代主義の偽善という野蛮に対抗するもうひとつの野蛮は、今のところ、何やら、排外主義的な熱狂と、人間のもつ素朴で動物的な情念へ訴えるような何かを併せもっているようにみえる。「ここはおれの国だ」「ここはおれの土地だ」「神は偉大なり」「わが国は偉大だ」「金こそはすべてだ」といった塩梅《あんばい》で、ヴェールが取り去られた後に出現するものはむき出しで素朴な情緒や権力欲である。ポール・ロバーツというアメリカの評論家の言葉を借りれば「衝動化する社会」といったところだろう。

かくて、アメリカでは、相互に「お前は嘘つきだ」という言葉の行き交うドタバタ劇が演じられ、EUでは、誰もが「これはおれの土地だ」といい始め、ロシアでは、いつのまにか静かに権力の集中が進み、中国人は世界中で傍若無人にカネを使っている。おまけに、某国は、他国の空港を利用して白昼堂々と、自国の要人の暗殺を敢行する。ついでに述べておけば、わが国はといえば、テレビをつければ、ほぼ一日中、お笑い系タレントを使って、どこそこの食べ物がうまいの安いの、といった番組を流している。実に見事な「愚者の楽園」ぶりで、それぞれがそれぞれの国情にみあった「野蛮化」路線をひた走っているのだ。

近代主義の行き着いた果ては、確かな価値の崩壊である。つまり、ポストモダンである。確かな価値が崩壊すれば、すべてが相対主義になり、自由な討議などというものに代わって「お前は嘘つきだ」というほかなくなる。民主主義が建前上は「自由な討議」

に支えられているとすれば、この建前を失った民主主義は、「お前は嘘つきだ」の応酬になるほかない。メディアからすれば、トランプは、ころころと主張を変える「嘘つき」だが、トランプからすれば、メディアはずっと長い間、巧妙に嘘を垂れ流してきたのである。

こうなれば、どちらの嘘が勝つか、という話になってくる。中国の習近平は、先ごろのダボス会議の席上、「われわれは断固、グローバリズムと自由貿易を守らなければならない」と述べた。これに対してもはや「嘘をつけ！」などといってもしょうがないのである。すでに中国は、かなり以前から「日本軍は南京で三〇万人の市民を虐殺した」と言い続けてきた。韓国は「竹島は歴史的にずっと韓国領土だ」と言い続けてきた。北朝鮮は、マレーシアの空港での暗殺について、こんな男は知らない、という。ロシアは平然と、千島に住民を送り込んでいる。嘘を言い通した方が得をする、という世界なのである。

さらにいえば、アメリカは、あの日本との戦争を、自由を愛好する文明と野蛮な侵略者との戦争だ、と述べた。東京裁判では、人道の罪などといいながら、原爆の投下には一言もふれなかった。これも「嘘」といえば「嘘」である。「文明的な嘘」とでもいいたくなる。これにならってわれわれも壮大な嘘をつけ、という気はないが、少なくとも、グローバルな近代主義の果てに広がったポストモダン（価値の崩壊）の世界にわれわれがいるという自覚ぐらいはもたねばならない。

いまだに、グローバリズムや近代主義、アメリカニズムこそが未来を拓《ひら》くなどというとすれば、これこそは自分を騙す「嘘」にしかならないであろう。（二〇一七年五月号）

「滅びへ向けた自己犠牲」を失った戦後

日本の夏は、広島、長崎への原爆投下や八月十五日の終戦という悲惨さや無残さの記憶と結びついているが、それも若い世代にとっては歴史の年表上の記憶（記録）にすぎなくなりつつあるのかもしれない。当時の出征兵士たちも大半が鬼籍に入《い》り、記憶の継承もさだかではない。ただ八月十五日前後の期間限定でNHKが証言記録や当時のフィルムを流したりするものの、それを見ている側も、どこか過ぎ去った出来事の回想の趣がある。

しかし、それと同時にまた、たとえば百田尚樹の『永遠の0』が若者を中心に読まれ、何やら学校からはみ出した学生（生徒）たちの間でも「特攻」だけは特別なもののようで、この言葉を聴くと一瞬ではあるものの、背筋が伸びたりもするようである。

こうしたことをどう評価するかは別としよう。大東亜戦争にも様々な局面があり、それについての歴史解釈の争奪戦はいまだ続いており、硫黄島や沖縄での悲惨を極める戦いの記憶はまだ消えない。しかし、「大東亜戦争」を構成している様々な要素をできるだけ脇に押しやってそれでも最後まで残るものはといえば、特攻というあまりに鮮烈な攻撃の形であったように思われる。特攻というあの形象は、いかなる歴史観の対立や戦争解釈などをも寄せ付けない何かをもたらしたのではなかったろうか。

坂口安吾は戦争には反対であった。許しがたいものだと思っていた。しかしそれでも特攻だけは疑念をさしはさむ余地のない格別のものと思っていた。「私は戦争を最も呪う。だが、特攻隊を永遠に讃美する」という坂口の心情に偽りはない。それは、戦争に負けてみれば、戦争中の出来事をすべて悪として断罪し、戦争に関わるものをすべて犯罪扱いにする戦後の卑俗で欺瞞《ぎまん》的な風潮への抵抗の意味もあったであろう。しかし、「死にたくない本能と格闘しつつ、至情に散った尊厳を敬い愛す心を忘れてはならないだろう」と述べる坂口の特攻への共感には欺瞞的なものはない。絶望的な敗戦の後に残す希望があるとすれば、このとてつもない形象を刻んだ若者たちの自己犠牲の精神だというのだ。

さらに彼はこうも述べている。「私はだいたい、戦法としても特攻隊というものが好きであった。人は特攻隊を残酷だというが、残酷なのは戦争自体で、戦争となった以上はあらゆる智能方策を傾けて戦う以外に仕方がない。」(「特攻隊に捧ぐ」)

同様のことはモーリス・パンゲも『自死の日本史』のなかで述べている。特攻とは狂気に駆られた無意味な戦略というわけではない。それどころか、それは、勝利への意思を大前提とし、さらに敵と味方の力の落差を小前提として、そこから導き出されるひとつの当然の帰結である、と。

私もこのパンゲの見解に異論はない。ただひとつだけ留保しておきたいのは、より正確にいえば、「勝利への意思」はあったものの、その「展望」はもはやなかった、という点だけである。勝利への意思などというものが夢幻にすぎないことは明らかであった。だからむしろあったのは「敗北への意思」だったというべきであろう。さらに正確を期せば、「敗れてなお勝つ」という願望であったろう。

もちろんこのように述べれば、それこそ、「だから特攻など論理的で当然の結論どころではない。それは戦争への狂信のなせる暴挙であり、一種の殺人である」といういかにも戦後的な言説への道をひらくことにもなろう。確かに、負けると知りつつ片道燃料だけを積み込んで敵艦への体当たりなどという戦法は、それだけみれば狂気以外の何ものでもなかろう。しかし、それこそがこの戦争であった。片道燃料だけを積み込んで敵艦隊に突撃して散る、という形象は、大東亜戦争を特徴づける精神そのものであった。だからわれわれは、特攻に対してある種の思いを禁じえないのである。特攻はある状況のなかで例外的に生じた戦争の一部なのではなく、それこそがこの戦争そのものを象徴するのである。

しかもそれだけに留まらない。実はわれわれが特攻を忘れるわけにはいかないのにはもうひとつ理由がある。それが戦いというものがもたらす精神の悲劇的様相のもっとも日本的な伝統を示すものでもあったからだ。それをパンゲは「それ（特攻）は日本が誇る自己犠牲の長い伝統の、白熱した、しかしきわめて論理的な結論ではなかったろうか」と述べている。確かに、特攻は、戦いに際した自己犠牲の長い日本の伝統的な精神の最後の発火というべきものであった。それは「氷と火のアマルガム」だった。

それが戦術として合理性をもつかどうかは別として、この自己犠牲の精神が異様なものとは思われない。特攻ほど顕著な形はとらないものの、少なくとも同様の精神を、われわれは、歴史のうちにいくらでも掘り起こすことができるし、また、歴史のうちに刻印された記憶の形象として自らの精神のうちに見出すことができる。だからこそ、特攻は、それが狂気の野蛮として批判されるにせよ、逆に驚くべき高みへ向かう克己心と崇敬されるにせよ、いかにも「日本人」こそが敢行した驚くべき行為として世界中から記憶にとどめられているのである。

それを「滅びの美学」などというとあまりにローマン的で情緒的で、現実から逸脱してしまうであろう。「散華」といってもさして変わらないだろう。いずれ何といおうと、ここには、敗北を前提とし、自らを捨石とし、しかし、そのことによって何かを残す。この恬淡《てんたん》たる覚悟を美的なものとして了解するという独特の美学があった。

現実がそのような美学からほど遠いことなど、取り立てて指摘するほどのことではない。それは、特攻隊員のおびただしい遺書や手紙を見てもあきらかだし、それらを見るまでもなく十分に想像のつくことである。

戦艦大和の乗員だった吉田満は次のような悩みを語った学徒出陣青年のことを書いている。国のために死ぬ。そのことはよい。しかし、自分の死や日本の敗北、それをもっと一般的で普遍的な価値とどうつなげばよいのだろうか、と彼は問う。そのとき、ある兵学校出身者はこれに対して次のようにいう。日本は負けて目覚める。俺たちはその先導になる。それで本望じゃないか、と。

もちろんそうはいっても戦闘は恐怖を呼び覚まし、死は絶望を手繰《たぐ》り寄せたであろう。あるいは、坂口が述べているように、彼らのあるものたちは、酒のみで、ゴロツキで、博打《ばくち》好きで、女たらしであったかもしれない。しかし、そんなことをあばいても何の意味があるのか、と彼はいう。「我々愚かな人間も、時にはかかる至高の姿に達し得るということ、それを必死に愛し、まもろうではないか」というのだ。

松島海軍航空隊から飛び立って戦死した宅嶋徳光というある兵士は、日記のなかで次のように書いていた。「俺は俺たちの運命を知っている。俺たちの運命はひとつの悲劇であった。しかし俺たちは悲劇に対してそれほど悲観もしていないし、寂しがってもいない。俺たちの寂しさは祖国に向けられた寂しさだ。たとえどのように見苦しくあがいても、俺たちは宿命を離れることはできない」(『くちなしの花』光人社)と。

勝ち負けは力の問題であり、時の運であり、状況の問題である。敗北はわかっていても戦わなければならぬときはあり、戦うべきときに戦うこと、それ自体に義がある。その義を捨てることは卑怯者のすることであり、卑怯者として生きることは義について死ぬより恥ずべきことだ、という観念が日本には伝統的にある。いや、これは日本に限ることではなかろう。ただ、その精神を「諦念と覚悟」としていわば日常的な道徳とし、そのような生き方を一種の美的な生ととらえたのは、日本独自の精神的伝統というべきであろう。この「諦念と覚悟」を、宅嶋徳光は「運命」というのである。
　七十年前に散っていった若者たちのこのような言葉を聴くと、われわれの戦後とはいったい何だったのか、という気がしてくる。吉田満は、戦後について書いた文章のなかで次のような問いを発している。もしも戦没学生の霊が戦後の繁栄の日本に戻ってきたら、彼らはどういうだろう。まずは、ありあまる自由と平和を見て彼らはよかった、と思うだろう。しかし、この自由と平和と繁栄が、単なる自己利益、自己中心的な快適のためのものであることを知れば、彼らは、ひとかけらも人間らしさを与えられなかった戦前よりも、今日の繁栄をもっと不毛だと思うだろう、という。彼らが切望した「日本の清らかさ、高さ、尊さ、美しさはどうなったのか」と問うだろう。

　戦後の日本は、確かに平和そのものといってよい。しかし、それはアメリカ従属構造のもとでの平和であった。誰もがこの平和を手放したくはないであろう。しかし、今日の国際情勢はそれを許さない状況まできている。憲法の前文には「平和を愛する諸国民の公正と信義に信頼して、われらの安全と生存を保持しようと決意した」と書かれている。すなわち、世界の諸国民は平和愛好的であるという前提で、日本は武力放棄するといっているのである。しかしもちろん、今日、この前提は成り立っていない。とすれば、もはや平和憲法の有効性は大きな疑義にさらされているのである。

こうしたことはもはや論じるまでもないことなのである。にもかかわらず、一方では、集団的自衛権さえ認められぬといい、他方では、集団的自衛権さえ認めればよい、という人たちがたくさんいるのだ。このどちらもが、程度の差はあれ、「アメリカに助けてもらえばよいではないか」というのである。私はもちろん戦争待望でもなければ、特攻賛美でもない。そうではなく、志願して国のために自らの命を投げ出した七十年前の若者たちの苦渋や葛藤に満ちた「諦念と覚悟」を、少なくとも精神の上で引き継がぬ戦後は、すでに繁栄のただ中で「堕落」し続けていると思うだけである。（二〇一四年九月号）

貨幣の独裁

百年前、ヨーロッパは第一次大戦の最終的な局面へさしかかろうとしていた。その真最中に書かれたシュペングラーの『西洋の没落』は、時代状況もあり、大きな評判となった。まさにそのタイトルが人々の心情に働きかけたのであろう。

読むのに一苦労も二苦労もかかるこの書物の最後の章で、シュペングラーはこんなことを書いている。西洋文化が生み出した現代の文明の究極において、純粋な経済的形式である「貨幣の独裁」が始まる、と。貨幣は、あらゆる価値を単なる数字（価格）に解消し、具体物を抽象的数値へと変換する。だからそれは、ギリシャ・ローマに発する「ユークリッド的に考えられた環境においてのみ可能なのである」。それは、数学的な合理主義の精神が支配する環境の産物だ、という。西洋文化はそれを引き継ぎつつ、ユークリッド的精神をもっと抽象化し、高度化したのである。

したがって、西洋が生み出した経済は、人間の具体的な生や共同体の維持、あるいは、遠距離間の新奇な物産の交易のような、モノと人間の生活をめぐる文化的・社会的な活動ではなく、数学的な合理性や抽象的な普遍性・世界性をもった「貨幣的」な経済なのである。だから、シュペングラーは次のように書いている。「貨幣をもってする思考にもっとも近いのは数学である。事業として考えるとは計算することである。貨幣価値とは計算単位によってはかられる数価値である。数自体と同様にこの正確な『価値自体』を生み出したものこそ、都市人、根のない人間の思考である。」（村松正俊訳　五月書房より）
貨幣的思考とは、都市、数学的合理性、世界性であるが、それはまたデモクラシーでもある。デモクラシー、すなわち大衆による多数（数）の支配は、きわめて都市的現象だからである。だから「世界都市的デモクラシーの勝利と同時に貨幣の独裁となる」というのだ。
世界的大都市、数学的（数字的・統計的）合理主義、大衆デモクラシー、貨幣の独裁は、その本質をただせば、すべて同じ現象であり、それを一言でいえば「西洋文明の没落」の徴候だというわけである。
百年前のシュペングラーのこの予言的な見取り図は、今日、まさにわれわれの眼前にその姿を現しつつある。グローバル化した巨大都市、統計的・実証的合理主義の制覇、大衆化したデモクラシー、そして、何よりも金融資本の支配。これらはまさしく今日の世界の姿そのものであろう。ついでにいえば、シュペングラーはこんな文章もさしはさんでいる。「経済的利益をめざすものは、ローマ時代のカルタゴ人、また今日ではさらにはなはだしい程度においてアメリカ人は、純粋に政治的に思考することができない」。そして「成熟したデモクラシーにおいて『成り上がり者』の政治は、単に事業と一致するだけではなく、大都市の投機的事業の最も汚らわしい種とも一致するのである」。

どうみても予言的というほかないであろう。トランプの登場は、アメリカを金儲けのできる国にするという一点でのみ「成熟したデモクラシー」を動かし、実際、彼の大統領就任とともに、ウォール街の投機家たちはいっせいに買いに走ったのであった。シュペングラーのようにいえば、トランプ現象を生み出した今日のアメリカこそが「西洋の没落」の最前線を疾走していることになる。

しかし、今日の世界を見るとき、われわれはシュペングラーの予言にさらにいくつかのことを付け加えなければならない。それは、今日の「貨幣の独裁」を支えているものは、ただ、冷徹な数学的・合理的精神というだけではなく、一種の根拠なき熱狂だからである。あるいは、根拠なき、しかも限界を知らない貪欲といってもよい。この節操を見失った貪欲は、技術的専門主義と結びついて、とどまるところを知らない技術的イノベーションを生み出そうとしている。人間の肉体的活動にとって代わるロボットや自動機械、人間の頭脳労働にとって代わるAI、人間の自然な生命的活動にとって代わる人為的な再生医学や遺伝子編集技術が、今日の西洋文明の科学・技術の極北にあって、さらなる「進歩」の未来イメージを掲げようとしている。

さしあたり、この第四次産業革命と総称されるような技術的イノベーションが、どこまで現実味を帯びたものであるかという検証は必要だろう。だが、たとえそれが「フェイク・リアリティ（偽の現実）」であったとしても、「進歩」する未来への期待を生み出せばそれでよいのである。要するに、この実証主義が勝利したはずの現代社会のど真ん中で、真実かどうかもわからない将来への熱狂が生み出されれば、それが「資本」に転化するわけである。「貨幣の独裁」とは、一方では、すべてを数に還元するという抽象的・合理的精神を伴っていると同時に、他方では、技術的イノベーションへの根拠なき期待に支えられているのである。

しかも、さらにいえば、今日の「貨幣の独裁」をもたらした金融市場のグローバルな膨張《ぼうちょう》は、情報ネットワークや金融工学といったIT技術と不可分の関係にある。貨幣そのものが、技術的イノベーションによって富を生み出す強力な装置に変換されているのだ。それはひとつの魔術であり、貨幣と技術的イノベーションの結合したこの魔術が、今日のわれわれの経済社会を動かしている。まさしく「テクノ・マモニズム」である。それを背後で支えているものは、抽象的で合理的で数学的な精神であると同時に、富の無限の増殖を求める熱狂的な貪欲といってよいであろう。

簡単にいえば、真理を追求するはずであった科学的な理性と、他人よりももっと富を得たいという世俗的な情念の現代的結合が、貨幣的尺度で測定された経済成長主義へと結実したわけである。

これは、シュペングラーが『西洋の没落』で描き出した終末的画像の延長上にあるとしても、それよりははるかに先へと突き進んでいるのだが、この一世紀の間に生じた、科学の進展と技術革新と経済成長を見れば、それも当然のことであろう。そして、われわれはまだそれに飽き足らずに、いっそうの科学の進展と技術革新と経済成長を求めているのである。

この現代文明の没落の様相を「ニヒリズム」といいかえてもよい。なぜなら、われわれは、科学技術の無限の進歩と、やはりまた無限の経済成長を求めているのだが、「何のために」と問えば、そこにはまったく答えはないからである。科学技術のイノベーションと貨幣で測定された経済成長が、それ自体として追求され、そのことを意味づける「価値」はどこにもないのである。だからこそ、技術のイノベーションと経済成長の追求それ自体があたかも絶対的な価値であるかのように見えてしまうのであって、逆にいえば、それに対する歯止めはまったくどこからもでてこないのだ。

もともと、科学にせよ技術にせよ、われわれの生と深く関わるものであった。経済もそうである。だから、確かに、貨幣はギリシャに発するユークリッド的精神のなかでしかうまれないとしても、それは、アリストテレス的にいえば「ポリスのよき生」と不可分のはずであった。科学と哲学はもともと未分化であって、両者を媒介する「ソフィア」は、「よき生」を実現するための「知識」である。科学の真理も技術《テクネー》も、道徳的な生、つまり「どのように生きることがよき生か」という問いと結びついていた。だから、アリストテレスにとっては、経済も、道徳的な問いによって査問されるべき活動であった。技術も同様である。ギリシャはユークリッド（合理的数学）と同時に、アリストテレスの倫理学を生み出したのだ。

そして西洋文化は、その様々な構成要素のひとつとして、このアリストテレスの精神をもっている。そのことに間違いはない。しかしまた、シュペングラーが述べたように、それが、近代的な西洋文明にまで展開したときに、科学と哲学は分離され、道徳的な生は技術の生み出す現実の生から分離し、経済は家政ではなく貨幣価値の増殖のメカニズムへと変形され、ポリスは世界都市へと転換した。その結果、技術的イノベーションも経済成長主義も、グローバルな世界へと展延され、金銭的利益へと抽象化され、その結果、それらは、われわれの具体的な日常的生からますます分離してゆく。にもかかわらず、われわれはそれに対して、道徳的な抵抗もできずにそれを受け入れるほかなくなっている。道徳的な、あるいはいかなる意味でも価値的な意味づけは、あくまで具体的で経験的な日常の生と結びつかなければありえないからである。

もしも、技術的イノベーションすなわち合理的な創造的破壊と「貨幣の独裁」を支える経済成長主義という現代の「進歩主義」に抗するものが「保守」だとするならば、保守とは、人と人が具体的な人格をもって交わり、節度と思慮をもってよき生を目ざすような「共同の生の空間」を守ることであろう。それは広い意味での道徳的生の回復である。道徳的な生は、社交（人と人の交わり）や教育においてしか伝達できないであろう。

ところが、この人と人のつながりや教育の場面にまでITが侵入し、成果主義が進出し、「貨幣の独裁」の影がちらつき、そのうちにAIも入り込んでくるであろう。道徳的な価値は、人と人が具体的に接する場面で経験を通して伝授するほかなく、人生の価値あるものは、便利さや利益主義とは対極のものであることを教えるには、時にはITもAIもロボットもむしろ障害になるであろう。

とすれば、保守は、何よりもまず、技術的なイノベーションと貨幣による経済成長主義に対する批判に堡塁《ほうるい》をかまえなければならないはずである。

（二〇一七年七月号）

憲法をとるか、国防をとるか

日本国憲法をはじめて読んだのはいつ頃だったのか、判然としないのだが、ともかくも高校生のときに、前文と九条をいわば「自発的」に読んでみたときには驚いたものである。もちろん、日本は戦争放棄を宣言したなどということはわかっていたが、それを記した九条なるものが、どのような体《てい》のものなのかを遅まきながら検証したわけである。

いったい、これは何をいおうとしているのか、まずよくわからなかった。社会的な常識にしたがって「普通」に考えれば、あの戦争を仕掛けた（とされる）わが国が、その反省に立ち、日本が一方的に他国に先制攻撃を加える「侵略戦争」を放棄するという宣言は十分に考えられる。したがって、そのことを第一項で述べているとまずは思われる。ところがそれならば、第二項はいらないであろう。わざわざいっさいの戦力を放棄し、交戦権を認めない、という必要はないであろう。しかし、第二項は、あえていっさいの「戦力」の放棄を宣言しているのである。「前項の目的を達成するため」といういわゆる芦田修正があるとしても、前項ですでに「戦争放棄」を述べているのだから、「戦争(侵略戦争)」に関して武力を使用できないことは明らかで、これは書く必要がないであろう。

では、改めて第一項は何を述べているのか。憲法条文を文字通りに読めば、戦争に関わるいっさいの武力行使を放棄する、とされており、こうなると、自衛権まで放棄したと解するのが自然であろう。したがって、第二項はそれを確認するために、いっさいの戦力を放棄するとしている、ということになる。これが条文の読み方としては「普通」ということになろう。

では、いったい、日本が他国からの攻撃にあったときどうするのか。戦力を放棄しているのである。そもそも自衛隊はどうなるのか。こうした疑問が出てくる。当然のことであろう。そこでさすがに、今日、政府解釈は個別的自衛権までは否定していない。しかしそれでは、その自衛権を行使する「戦力」と「交戦権」の否定はどう理解するのか。条文をそのまま読めば、「集団的自衛権」どころか、「個別的自衛権は保持はするが行使はできない」と読めてしまうであろう。

つくづく、多くの護憲派憲法学者は不可思議な人たちだと思う。この九条こそが戦後憲法の理想である、としてはばからないのであるから。

ところが、今述べたように、国防という国家のもっとも枢要な軸を記した九条の解釈さえも確定していない。いったい個別的自衛権も含めて自衛権はあるのか。かりに自衛権はあるとして、では自衛戦争をするための「戦力」は保持できるのか。自衛隊は合憲なのか。つまり、自衛隊は「戦力」なのか。

このようなもっとも基本的な論点さえも、明確ではないのである。にもかかわらず、九条をして理想を高々と掲げた「ノーベル平和賞」の候補にすべきだという人までいるのだ。恐るべきことというほかない。

二〇一五年の六月から七月にかけて、国会において集団的自衛権の部分的容認を可能とする安保法案が審議された。憲法学者が集団的自衛権は憲法違反である、と述べ、これに勢いづいた護憲派の識者も、「憲法を守れ」、「戦争を起こすな」というこれまで幾度となく繰り返されてきたなつかしのメロディを唱和している。

安倍首相の方針は、その賛否は別として、明確である。冷戦崩壊以降、今日にいたる間に「国際安全保障環境」が大きく変化した。アメリカの覇権は後退した。中国の軍事的台頭が著しい。中東はきわめて不安定である。世界を舞台としたテロリズムが横行している。北朝鮮の核脅威がある。こうした「環境変化」に対応して、日本の安全保障をいっそう強化しなければならない。そのためには、アメリカとさらに協力して、日本も積極的に世界秩序を構築していかねばならない。これが安倍首相のいう「積極的平和主義」である。もはや「一国平和主義」ではだめだ、といっているのである。そしてそれを実効あるものとするには、まずは、集団的自衛権を容認することで日米安保体制をより強化すべきだ、というのである。確かに、これまでの日本の安全保障政策の大きな転換といってよい。

私は、この政府の方針に必ずしも賛同はできないが、理解はできる。戦後の日本の「現実」から出発し、現状における日本の防衛の陥穽をカバーしようとすればこの方向しかないだろうと思う。

だが、野党も憲法学者もいわゆるサヨク知識人も、そして、それに影響された国民世論も、集団的自衛権は憲法違反である、だから廃案にせよ、と唱えるのみである。これでは議論はまったく先に進まない。

問題は「憲法」ではなく、「防衛」なのだ。もしも今日の国際情勢や国際環境が変化しているとすれば、自衛権さえもあるのかないのかわからないような従来の憲法の枠組みに基づく「防衛」でよいのか。問題はそこにある。かりに、日米安全保障体制をより強化すべき、というのなら、かつ集団的自衛権が憲法違反だというのなら、憲法改正を提案すべきである。

一方、護憲を唱えるのならば、憲法の枠組みのなかで、「安全保障環境の変化」にどこまで堪えられるかを示さねばならない。つまり、安倍首相が提起した問題に答えなければならない。それを無視して、ただただ安保法制は違憲だ、では無責任というほかない。

ここには実は、政治哲学上、少しやっかいな問題がある。憲法は国のかたちを文書化した根本規範である。したがって、憲法を軸にして解すれば、憲法があってはじめて、その国が、国として成立する（たとえば、憲法によって国民主権などが確定する）。

しかし、そもそも憲法は、国がなければ成立しない。また「憲法」のために「国」が滅んではどうにもならない。憲法にとらわれずにいえば、「国」が「憲法」に先行する。これが常識というものであろう。したがって、「憲法」よりも「防衛」の方が本来は重要だ、ということにもなろう。

これはまた次のようにいうこともできる。いまかりに、社会契約論がいうように、人々の契約によって主権者（国家）を設定したものを近代国家だとしよう。すると、主権者の最大の役割は人々の生命、財産の安全確保である。したがって、国民主権の民主政治においては、主権者である国民が自らの生命、財産を守らなければならない。外敵の侵攻に対してこれを守るということは防衛義務を負うということである。つまり、国民皆兵なのである（もちろん、実際には、軍事的な効率性などの観点から必ずしも国民皆兵ではないが）。

これが近代的な「主権」のもっとも重要な意味である。そしてまた同時に、この「主権」が「国のかたち」を定める。つまり憲法を制定する。制憲権もまた「主権」の最大の発動である。そして通常の場合、近代国家は、この憲法に基本的な人権保障を含める。

なぜなら基本的人権保障もまた、人々の生命、財産の安全保障だからである。

通常、近代的立憲主義は、基本的人権保障を憲法のもっとも枢要な位置に祭りあげ、憲法によって主権の暴走を防ぐ、とした。この場合の主権は、憲法の制限下におかれる。具体的には立法権であるが、それは「制定された主権」なのである。

立法権が憲法に服するのは当然である。だから、集団的自衛権関連の法案を違憲だというのはかまわない。だが問題は、その主権が、憲法の制約のために、もはや十全に人々の生命、財産の安全保障をできない、という疑いが生じたときなのである。

立法権のような「制定された主権」の背後には、より根本的な「制定する主権」がある。そして、この根本的な主権が根本的である理由は、それが「国」を成り立たせるための、人々の生命、財産の安全を確保すべく生み出された（契約された）ものだからである。したがって、ひとつの社会に秩序を与え、外敵から社会を防衛する、という公的な権力こそが「国」を可能とするのであり、憲法が国を作るわけではない。いささかどぎつい言い方になるが、防衛のための軍事的な力（と、社会秩序を生み出す公的な力）の方が、憲法よりも優先されるべきである。これは、ほとんど近代国家の論理そのものなのだ。現に、日本でも明治の近代国家がある程度秩序だってから憲法が制定された。フランス革命においても、革命派が特権階級を排除して力によって反対派を制圧してから憲法を制定したのである。

この「近代国家の論理」を前提とすれば、戦後日本ははやり特異なのである。主権者よりも前に「憲法」ができて（押し付けられて）しまったからである。主権者というものがなかった。なぜなら占領下で「主権」が剝奪されていたからである。主権者がいなければ、自らの手で国を守るという精神が出動しないのは当然である。いったい、誰が国を守るのか、どう守るのか、という、憲法以前の主権的課題に直面しなかったのである。そして、ほぼ自動的に日米安保体制のもとに、日本の防衛は組み込まれていった。

これが、いかにも変則的な事態であることを、われわれは今、改めて認識しなければならない。「防衛」という、近代主権国家にとっての、もっとも枢要な課題を安倍首相は改めて俎上《そじょう》にあげ、ひとつの方向を打ち出した。残念ながら、集団的自衛権の強化は、いっそう、日本の防衛をアメリカの戦略に組み込むことになるであろう。ますます、自主防衛から遠ざかることになりかねない。それは結果として、日本の「主権」をあやういものとしかねない、安倍首相の「積極的平和主義」への私の危惧《きぐ》はそこにある。しかし、問題の本質は、「主権」とは何なのか、われわれにはいまだに理解できていない、という点にこそあるのではなかろうか。日本はいまだに「主権国家」といいがたいのである。

（二〇一五年九月号）

グローバリズムとナショナリズムの結託

二〇一六年十一月にトランプがアメリカの新大統領に当選するやいなや、投資家たちはいっせいに買いに走り、驚くべき勢いで株価を押し上げた。大規模な公共投資と減税、それに思い切った規制緩和、とりわけ金融市場の規制緩和によってアメリカ経済は復活するというのが投資家の読みである。

こうしたことをいわゆるエコノミストも評論家もまったく分析できない。彼らは、トランプが当選すれば金融市場でパニックが生じるといい続けてきたのである。アメリカ経済はトランプの、いわば「わけのわからない」政策によって大混乱に陥れられる、と見ていたのである。なにせ、トランプには誰一人として「まともな」経済学者がついていなかったのだから。

そこで、大方のトランプ現象の解釈はこうなる。グローバリズムのなかで恩恵をえなかった白人労働者層の不満が政治的ポピュリズムにのってトランプを大統領にまで押し上げた、というものである。つまり、反グローバリズムとポピュリズムがこの現象を引き起こした。反グローバリズムとポピュリズムの結合が排外主義的なナショナリズムを生み出している。これはたいへんに危険な事態である、と。

もちろんそのようにいうことはできる。しかし、私には、反グローバリズムとポピュリズムの結合などといったわかりやすい解釈では済まないような、もっと混沌とした、もっと不確かで流動的な何かが進行しているように思われる。

その点で興味深いのは、地盤沈下する製造業の労働者がトランプ支持層であった、ということよりもむしろ、ウォール街の金融投資家たちが「隠れトランプ派」であった、ということで、もちろん、彼らは徹底したグローバリストなのである。通常ならば、彼らは、ケインズ主義的な大規模な財政政策や保護主義という国内中心的政策を何よりも嫌うはずである。ましてや、イスラムや中国との摩擦を引き起こしかねないトランプの対外強硬姿勢は、グローバル投資家からすればもっとも警戒すべきことであろう。

にもかかわらず、彼らがトランプを支持し、トランプのアメリカ第一主義政策を支持している、ということこそが、今日、進行している事態の混沌をよく示しているだろう。明らかに、彼らは「反グローバリズム」でもなければ「ポピュリズム」でもない。「ナショナリスト」でもない。だから、トランプ現象をただの「反グローバリズム」と「ポピュリズム」と「排外的ナショナリズム」の結合というだけでは説明できない。

ではどう考えればよいか。ひとつの可能性はこうである。実は、トランプは反グローバリストでもナショナリストでも何でもない。ただ個人主義的な自己利益にしか関心がない。つまり、本質的に商売人である。彼はただアメリカを巨大な利益を生み出す株式会社のごときものにしたいのであって、そのためにはグローバリズムでもケインズ主義でもどちらでもよいのだ、というもので、ウォール街の投資家たちはトランプのこの本質を見抜いている、という解釈である。

もうひとつの可能性はこうだ。ウォール街の投資家たちはもはや通常の新自由主義的なグローバリズムのもとでは十分な利益を生み出せなくなったことを知っている。IT革命やら金融工学の神通力も失われた。リーマンショック以降、それほどあからさまなバブルを引き起こすのもむずかしい。結局、ただいくらカネを金融市場に供給しても、最終的には実体経済がよくならなければ金融市場で利益を生むことはむずかしい。そこで、彼らは大規模な財政政策であれ、保護主義であれ、政府の強力な後押しに期待するであろう。そのために、多少の排外主義的ナショナリズムが引き起こす世界情勢の混乱は許容できる。というよりも、その方が株式市場や為替市場で変動が生じ、金融市場で利潤機会が生じるであろう。もっといえば、世界情勢の動揺を期待しているともいえる。それほどまでに、グローバル金融投資家の閉塞感が高まっている。つまり、グローバリストこそが、アメリカ第一主義を求めている、という解釈である。

このどちらもがありうると思う。そしてこのふたつはそれほど違ったことを述べているわけではない。いずれにせよ、金融を中心としたグローバリズムの流れがほぼ限界にまで達した、ということだ。そこで、自己利益を第一に考えるアメリカの国際的な投資家である金融グローバリストは、財政規律を第一に考える新自由主義を見放し、政府による巨額の財政支出とアメリカ中心主義へと乗りかえたということである。

とすれば、トランプの登場が反グローバリズムの流れを示している、と簡単にいうわけにはいかない。また、彼のいうアメリカ第一主義も、決して、かつてケインズの述べたような、イギリスの国益の防衛をはかった「内向き」政策でもなければ、ましてや、石橋湛山の「小日本主義」に比すような「小アメリカ主義」などではまったくない。トランプの「アメリカ第一主義」は、反グローバリズムを掲げて内向きに自足する経済循環を作り、国内経済を安定させようというようなものではなく、むしろ、グローバリズムを前提とした「大アメリカ主義」への手掛かりと見た方がよい。排外主義もナショナリズムも「強力なアメリカ」を作り出す手段なのである。グローバリズムが排外主義やナショナリズムを使っている、といってもよい。グローバル競争が、かつてなく、複雑で手のこんだものとなっているのだ。

だから、今日、われわれが直面しているのは、ただグローバリズムの行き過ぎが所得格差を生み、その反動で反グローバリズムとナショナリズムが生じている、というような事態ではない。いや、そのようにいっても間違いではないものの、その本質はもっと複雑で混沌としたものである。だから、この排外主義的ナショナリズムが悪しき意味でのポピュリズム、すなわち、一時的な気分に左右される情緒的様相をとることもまたよくわかることではあるものの、それが確信をもった反グローバリズムである、などと期待することはできない。EUにおいてもリーマンショックの前あたりまでは、多くの「普通の人」たちが、国境線の消滅と人の自由な移動を誇らしげに語っていたからである。アメリカでも「普通の人」たちが、リーマンショックの直前まで、株式市場で一儲けし、分不相応な土地と家を手に入れてはしゃいでいたのである。製造業の衰退などその前から始まっていた。しかし、ITバブルや不動産バブルの時には、誰も反グローバリズムなど口にもしなかったし、排外主義的ナショナリズムもでてはこなかった。

とすれば、この排外主義的ナショナリズムの基礎にあるものも、やはり経済的利益、自己利益ということになる。格差の拡大が問題なのも、社会正義というよりは、自己利益の問題なのであろう。ついこの間まで人の自由な往来を歓迎していたＥＵが、手のひらを返したように排外主義に変わったのも、やはり自己利益の問題といってよい。反グローバリズムという確かな主張があるとも思えないのだ。

今日、グローバリズムが行き詰まっていることはほとんど明らかである。にもかかわらず、排外主義的ナショナリズムにも活路が見出せないのは、このような理由からである。それは、両者とも、自己利益、自己への関心だけに基礎をおいているからである。自己利益の向かう先はもっぱら経済的利益である。誰が得をしたか損をしたか、自分は他人よりも富をえることができたかどうか。それだけが関心事になってしまった。グローバリズムの最大の問題は、この金銭主義的文化を世界中に撒《ま》き散らかした点にある。もしも、この金銭主義的文化に棹《さお》させば、グローバリズムもナショナリズムも同じ穴のムジナということになろう。どちらも、経済を成長させて富を生み出す機会を求め、それを手繰り寄せようとしている。その競争なのである。

グローバリズムとナショナリズムの結託を乗り越えることが可能だとすれば、それは、金銭的な競争主義的文化と手を切ることである。脱成長主義、脱グローバリズム、脱競争主義とは、まずは金銭的競争主義（ペキュニアリ・エミュレーション）の文化から脱却することである。それは、国や地域を、共生や共存を基礎とした共同体としてとらえなおすということである。それはまた、人々の精神の基底にある、死生観や自然観に基づいて共同体を了解しなおすということでもある。

それだけが、グローバリズムと排外的ナショナリズムの悪しき結託（悪循環）から、かろうじてわれわれの生の保守を可能とするであろう。

（二〇一七年三月号）

そもそも日本には左翼も保守もなかった

今日、「左翼進歩派」に対する「右翼保守派」という構図はほぼ崩壊してしまった。

基本的な問題はまずは「保守派」にある。経済の次元でいえば、市場原理主義や構造改革論の登場以来、大方の「保守派」が、グローバル市場競争や改革論を唱え、日本社会の大改革に着手した。また政治の次元でいえば、「保守派」は、日米同盟の強化をもっぱら唱えることによって、日本をいっそうアメリカ従属的にし、自主的（主体的）な防衛から離れてしまった。つまり、保守が、現状に対する過激な変革を求め、かつ独立の精神から遠ざかったのである。

一方、「左翼」はといえば、この保守的政治に対して異は唱えるものの、有効な批判にはいたらない。ただ、結果として、「左翼」の側の方がむしろ現状維持的であり、地域や社会的安定性を重視する、という意味ではむしろ保守的になってしまっている。

何とも奇妙な構図である。しかし、それも考えてみれば、当然だともいえよう。

日本の左翼主義とは、もともと、反体制であり、権力批判を唱えた。これは、階級対立の構図が成り立つ場合には、労働者の階級的利益の実現を目ざす闘争となる。しかし、高度成長が終わる頃には、階級対立はほぼ消滅した。続いて出てきたのは、少数者や抑圧される者の権利保護であった。差異の政治・承認の政治といわれるもので、政治的テーマが、経済的利益から、在日や女性や性的なマイノリティといったアイデンティティの関心へと移った。アメリカでも同様で、リチャード・ローティがいうように、左翼は、経済学部や政治学部から社会学部へと移っていったのである。

そして、この意味でのマイノリティの権利問題が政治的アジェンダになるや否や、少なくとも名目的には左翼は勝利する。なぜなら、近代社会とは、いかなる意味でも差別を排し、人々の権利の平等な尊重を謳っているからである。人々の基本的権利の平等な尊重は、戦後日本の公式的に承認された価値だからである。

今日の左翼が強く訴えているのは、憲法擁護であり、九条平和主義である。こうなると、戦後日本において「左翼主義」が存立しえない、という理由は明白であろう。つまり、国民主権、基本的人権の擁護、平和主義は、まさに戦後日本の公式的な価値だからである。つまり、左翼主義は、反体制どころか、戦後日本の体制そのものであった。したがってまた、実際上、戦後日本に本当の意味での「保守」が存立しえなかった理由も明らかである。「保守」もまた、政権の座にある限り、憲法を含めた戦後体制を維持するほかないからである。

しかも、そこに「アメリカ」なる要因が絡んでくる。左翼主義の本来の意義を、人間理性の合理的な使用による人間と社会の進歩の実現（しかも、しばしばその急進的な実現）であり、その手段としての伝統破壊、と見ておけば、「アメリカ」こそは、進歩主義を代表する国だということになる。したがって、価値観の次元まで含めて日米関係を可能な限り強化するという保守派が、事実上、アメリカ的進歩主義に飲み込まれるのは必定であった。

一方、左翼進歩派も、もともと、マイノリティの権利保護や民主主義の普遍性などの思想をアメリカから輸入し、社会運動もアメリカのそれをモデルにしている限り、日米関係を根底的に相対化することはできない。彼らの唱える憲法平和主義そのものがアメリカの置き土産であり、しかも、現実には、日本の平和は日米安保体制という外枠によりアメリカによって保障されていたのである。

こうして、戦後日本では、実際には、左翼も保守も存在しなかった。せいぜい擬似左翼と擬似保守の擬似的対立が演出されただけといってよい。「左翼ごっこ」と「保守ごっこ」の対立であった。いずれにせよそれは、「アメリカ」という左翼国家が敷《し》いた「戦後日本のレジーム」の中における現実派と理念派の対立ということになる。左翼の反体制論は、実は、きわめて体制内的なものであったということだ。アメリカの占領政策から始まった戦後日本自体がプチサヨク国家だったのである。

　したがって、反体制的左翼などというものが本質的にありえない日本で、左翼の身振りがせいぜいが「サヨク」になるのも当然であり、「サヨク」は、ただ、国民主権、民主主義、人権保障、平和主義という題目を唱えておればよかった。それは「体制」維持なのであり、そうすると、サヨクは、いずれ、体制維持を唱える保守へと変質するほかないであろう。

　こうした左翼主義の欺瞞は、たとえば、丸山眞男らの戦後のオールド・リベラルを批判した全共闘を評した三島由紀夫の言葉によく示されている。全共闘の諸君のいっていることは簡単なことだ。国からカネをもらって生活を保障されている学者が国を批判するのはおかしい、というだけのことだ、と三島はいったのである。

　確かにそうである。体制によって保護され、保障されている価値を、反体制といいつつ体制批判をすることの欺瞞、といってもよい。しかしそれはすでに一九四五年から始まっていたことであった。戦後日本のリベラルは、基本的に思想検閲を行っているGHQの支配下において誕生したものだからである。戦後左翼の反国家的言説も近代主義も、GHQの承認をえて誕生したのであった。

こうした欺瞞を戦後日本の左翼進歩派は、当初から抱えていた。戦前の日本ファシズムや天皇制国家に対する批判をそのまま戦後へと延長して、日本的文化や日本の伝統的社会構造のなかに天皇制ファシズムへの危険性を見、民主主義や市民主義と対比させるという左翼進歩派の言説は、それ自体が、すでにアメリカの占領政策の意図と一致していたのである。

では、戦後日本における真の反体制とは何であろうか。

実は左翼主義のなかには、個人の自由や民主主義、人権や平和主義といった「戦後レジーム」には回収しつくせないものがあったはずである。左翼主義には常にマイノリティに対する関心があった。では戦後日本のマイノリティとは何だったのか。それは、近代化が含みもつ、合理主義や政治的平等化や経済発展などのなかで置き去りにされてゆくものである。端的にいえば、前近代的、非合理的として一蹴されるような土着的で日本的なものであった。沖縄やアイヌに対する左翼的関心も、抑圧された少数派の権利への関心というよりも、経済発展や合理的生活様式から取り残されてゆく、その前近代的で土着的な姿への共感からといってよい。

それは、別の言い方をすれば、「戦後」のもっている表層的で偽善的な正義への違和感であり、突き詰めれば一九四五年の八月十五日を境にして天皇主義者が民主主義者へ豹変することへの抑えがたい疑念であった、といってよかろう。

たとえば、丸山眞男は、自身はむろんこの種の転向組ではなかったものの、この一夜漬けの転向民主主義に対して疑いを挟むことはなかった。さもなければ、昨日まで戦争賛美をしていた人民による国民主権の政治など恐ろしくて容易には信じられなかったであろう。

こうしたことは、その丸山よりも八歳年下で、丸山に強い影響を受けた橋川文三などを見てみるとわかりやすい。橋川には確かに「戦後」に対する違和感があり、四五年の八月十五日を回想して橋川は書いている。「終わったとき、ながいながい病床にあった老人の死を見守るときのように、いわれのない涙がこぼれた。その時思ったことはふたつだけである。一つは死んだ仲間たちと生きている私の関係はこれからどうなるのかという、今も解きがたい思いであり、もう一つは、今夜から、私の部屋に火をともすことができるのか、という異様なとまどいの思いであった。」（「敗戦前後」）

戦死者と自分との関係をどう考えればよいのかという今も解きがたい思い、が橋川にはある。丸山が、復初の説で、四五年の八月十五日に戻ることを繰り返し述べたように、橋川は、あの戦争と敗戦を「絶対的な価値」として、それを「超越者としての戦争」にしよう、というが、その心情は丸山とはかなり異なるものである。

その違いは何か。橋川の原点には、保田與重郎がいる。小林秀雄もいる。日本浪漫派という壮大な（ある意味で空虚な）表徴が戦中の彼をとらえてはなさなかった。それは、日本浪漫派や小林秀雄などの文学的な感性を、非合理的で前近代的な日本とほとんど等値して片付けてしまえる丸山とはいささか異なったものであった。

戦後のわれわれには、保田も日本浪漫派もきわめて理解しづらい。保田のあの大げさで時代がかった独善的な身振りも、私にはかなり違和を感じさせる。しかし保田のようなあからさまな大君賛美ではなくとも、柳田国男から折口信夫までの幅をもった「日本人の伝統的心情」への関心は、戦後には、思想的なマイノリティにまで貶《おとし》められたのである。

橋川の場合、その理由は、一部は性格的なものであったようで、彼の、鬱々《うつうつ》とした悪魔的な内面がそれをもたらしたともいえる。彼は、大学時代に、少し年上の加藤周一などとともに同人誌をやっているが、明らかに加藤のような西洋型の教養人とは肌が合わなかった。

にもかかわらず、橋川もまた、丸山の図式を受け入れ、戦前を天皇制ファシズムというような一語で了解してしまうのである。実際には、保田も小林も柳田も、前近代的伝統主義や、ましてや天皇制ファシズムなどという言葉では片付けるわけにはいかないものを見ていたのであり、それを背景にして、北一輝も大川周明も右翼テロリズムもあった。「軍国主義」などとわれわれは一言で片付けてしまうが、その内側には、いく重にも重なり合った情念の見えない堆積があった。そして、それらをこそ「戦後レジーム」

は見事に排除したのである。われわれの内にあるデモニッシュなものこそが、近代化の最大の敵であった。近代主義がもつ上滑りの偽善が排除しようとしたものこそが、本当の意味での反体制であって、その伝統的な形象や心象への関心は、いずれ「戦後レジーム」に棹《さお》さすサヨクとも自称保守とも相容れないのである。

（二〇一五年一一月号）

「進歩」の崩壊と、そののちにあるもの

わたしたちは今日、文明そのものの生み出した問題に囲まれている。そのひとつに「核」というものがおかれている不安定な状況がある。

原子物理学がひとたび「核」を生み出した以上、それを全面的に破棄するのはむずかしい。とりわけ冷戦が終わったグローバルな世界においては、各国は自国の防衛のために核を要求することとなる。核拡散は冷戦体制が崩壊した後の世界の必然の論理ともい

えよう。

原則的にいえば、超大国のみに核の独占権を固定するNPT（核不拡散条約）体制をそのままで維持することの方がむずかしいのだ。主権国家という概念から出発すれば、どの国も核をもつ権利はある。アメリカ、中国、ロシアなどが核を保有するならそれに脅威を感じるインドやイラン、北朝鮮ももつ権利がある。この論理を崩すことはむずかしい。だが同時にそれはあまりに不安定な構造であり、世界全体がたいへんなリスクを背負うこととなる。もっとも脆弱な部分で暴発が生じれば、世界全体が破滅的な打撃を受けかねない。そしてこのような不安定性と不確定性と破滅的な打撃の大きさが自覚されている限りで、かろうじて核の相互抑止的均衡が保たれるのである。

NPT体制がいかに矛盾を含んだものであり、大国による核独占という欺瞞に満ちたものであっても、現状でそれが維持されているのは、核を保有するには一定の資格がなければならない（現行のNPT加盟国がその資格を有するかどうかは別として）という暗黙の了解があるからであろう。この深刻な危機意識だけが、現状で核の暴発を防いでいるのである。

そうだとすれば、金融グローバリズムへと行き着いた現代資本主義と核（核兵器、原発）には基本的な相同性があるといってよいのではないか。

そのことを言い直せば次のようになる。

グローバル資本主義も核も西欧近代社会の産物であるが、そこには「近代」という時代を特徴づけるふたつの観念が深く関わっていた。ひとつは「自由主義」であり、もうひとつは「科学・技術主義」である。この両者が手を携えて発展するところに人間社会の進歩があり、人間の幸福の増大がある、というのが近代主義の基本理念であった。そしてそのもっともわかりやすい成果が資本主義による経済成長であり富の蓄積であった。

結局、今日のグローバル資本主義も、「核の平和利用」である原発もその延長上にあり、おそらくはその極限にある。「自由」と「富」への無限の欲望は、富を生み出す資本の運動を国境線をこえた無国籍な領域へと拡張し、またそれに対するエネルギー上の制約を突破することを要請した。

しかも、そこで果たした物理学や経済学や金融工学という自称「科学」の役割は、決して無視できるものではない。これらの「科学」に共通するものは、高度な数学的意匠への偏向と、人間中心主義もしくは理性中心主義へと行き着く実践的な関心である。「科学」は、人間を世界（自然的世界であれ、社会的世界であれ）からいったんは引き離し、世界を動かす合理的論理を発見してそれを数学化する。その上で、人はその論理を使用して世界を変え、人にとって都合のよいものに作り替えようとする。ここではあくまで「人間」が中心なのである。

ところが、その物理学の成果である核であれ、経済学の成果である自由なグローバル市場であれ、金融工学と情報工学の成果であるヘッジファンドの金融市場であれ、果たして「自由」や「富」の拡張につながっているのだろうか。こうした深い疑念にわれわれは囚《とら》われている。

この疑念は、結局、近代主義のおおもととなる「進歩」という観念の崩壊に起因している。資本主義による経済成長と合理的科学の工学的使用による「富の蓄積」という観念は近代的な進歩の核心に存在するものであり、その進歩の中心にはあくまで理性的な人間という台座が用意されていた。

しかし、核にせよ、グローバル資本主義にせよ、この構図を破壊してしまった。人は核を理性的に管理することはできず、ただその恐怖におののきつつ、己の恐怖を自覚することでかろうじて破滅を回避している。グローバル資本主義はもはや人の制御を受け付けず、金融市場を瞬時に移動する貨幣に翻弄される。ただ無政府的な貨幣の移動がもたらす破滅的な危機の自覚だけが、かろうじて事態を先送りしている。ここでは、人間はもはや中心でも主体でもないのである。

合理主義が生み出した科学や技術は、それ自体が、人間を技術的体系のなかに閉じ込め、自由の追求は、まさしく自由競争という極限的自由のなかで、人々を競争という牢獄のなかに閉じ込めようとしている。近代社会を生み出してきたまさに「自由」と「科学・技術」への無条件の欲望が、われわれを「主体（subject）」から「従属するもの（subject）」へと転換しつつある。

だがいったい、この「従属」とは何に対する従属（subject to）なのであろうか。あるいはもっといえば、人間はもともと何かに対して従属していたのではないのだろうか。

こうした問いは、現代文明のもっているある根源的な矛盾へとわれわれを誘うだろう。

かつて、人は、神であれ、自然であれ、歴史であれ、伝統であれ、自ら（今ここにいるわれわれ）を生み出したものに従属していた。そして従属することで主体たりえたのである。それらの恩恵や恩寵を信じ、それに感謝する、つまり「分を知る」ことではじめて生の主体たりえた。

ところが、今日、われわれは、主体であることによって従属している。われわれはわれわれの欲望が生み出したものにがんじがらめにされ、自由がもたらす煉獄《れんごく》と科学技術が生み出す牢獄に監禁されている。われわれは欲望の主体であることによって、自らの欲望に従属させられているのだ。

さしあたり、この監獄から逃れるすべはない。われわれにできることは、残念ながら、この事態を直視するだけである。われわれにできることは、あえて将来について悲観的になることである。この「方法的悲観論」に立つ以外にない。このままこの状態を続ければ、いずれわれわれは破局するほかない、ということだ。確かにそこには積極的な解決はない。しかし、そのことを直視すれば、いまだに「自由」や「安全な技術」や「地球的一体化」などというバカげたクリーシェを唱える愚からは、身を引くことができるだろう。

（二〇一二年一月号）

第Ⅱ章　ニヒリズムは超えられるか

テロ――文明が生み出したニヒリズム

テロとは、非合法的な暴力による恐怖や脅威を与えることである。法的秩序の内にあってそれを維持しようとする側からすれば、テロは、それ自体が断じて許しがたい犯罪行為となる。非合法的暴力行使というだけでテロにはいっさいの弁明を許されない。

しかし、その法的秩序そのものにしたがう意図のない側、あるいは、法的秩序そのものの正当性を疑う側からすれば、法的秩序に打撃を与える方法はテロしかない、ということになろう。

その結果、「反体制的」行動は多かれ少なかれ、テロ的要素をもたざるをえない。これが少し大規模になって、政権の奪取を目ざすとクーデターになる。逆にいえば、もしも体制が転換して法的秩序が変更されれば、テロにせよクーデターにせよ、結果的には正当化されるのである。

たとえば、そもそもの「テロ（テラー）」の語を最初に与えられたジャコバン党による反対派の虐殺も、フランス革命が近代市民社会を生み出したとして正当性をもち、ジャコバン独裁も自由や平等を打ちたてるための一時的な逸脱であると解釈されて以来、この最初のテロはもはや「テロ」とは呼ばれなくなった。幕末の薩長による倒幕もまた、テロやクーデターというべきものであったが、誰もそうはいわない。

しかも、テロにせよ、クーデターにせよ、それが非合法的な暴力行使であるがゆえに全面的に誤りである、などとは簡単にいえない。一九三六年の二・二六事件もクーデターであったが、これはそれなりの共感をえたものであった。三島由紀夫の市谷自衛隊乱入もテロもしくはクーデターではあるが、この行動に共鳴するものはいまだに多い。また、先ごろ公開された映画『ヒトラー暗殺、13分の誤算』では、ドイツのある片田舎の平凡な青年がヒトラー暗殺を企て、演説会場に爆弾を仕掛ける。たまたまヒトラーが演説を十三分早く切り上げたために暗殺は失敗する、という実話をもとにしたものであった。もしも暗殺が成功しておれば、どれだけの人間が助かったのかという思いを起こさせる。

私は、別にテロやクーデターを擁護するつもりでこうしたことを述べているわけではない。ただ、まず述べておきたいことは、テロがおきた、多数の死者や負傷者がでた、テロは社会秩序への挑戦である、だから、テロは殲滅《せんめつ》しなければならない、などという単純な話ではすまない、ということを確認しておきたかったまでである。ある特定の目的をもった特定人物や機関へのテロは、その動機や背景にある事情によっては多くの人々の共感を呼ぶことは十分にありうる。いや、人々の気分を代弁することさえありうる。

しかし、たとえばオウムが引き起こしたテロなどは人々の共感をえることはまずない。ではオウムはただ狂気に駆られた異常者による犯罪以上の何ものでもない、と言い切れるかというと、そういうわけにもいかない。あれだけの人数の、とりわけ若者たちがひとつの宗教団体を作り、狂気にも似た事件を引き起こすにいたる「何か」があったはずだからだ。

二〇一五年十一月十三日にパリの中心部を恐怖に陥れた同時多発的な暴力は、確かに、法的秩序に守られた市民社会という「文明」への攻撃であった。テロという「野蛮」から「文明」を守れ、という大合唱が沸き起こった。つまり、フランス社会に同化できなかったテロリストは、個人的な鬱憤《うっぷん》を無差別攻撃によって解消しようとした異常者である、ということである。移民国家であり、自由と平等を掲げるフランスはアラブ系の移民も含めた市民社会を実現している。「市民社会《シヴィル・ソサイエティ》」は「文明《シヴィライゼーション》」であり、この文明を拒否するものにはいっさいの言い分は許されない、ということである。

しかし、この文明はあくまで西洋近代社会が生み出したものであった。個人の自由、平等、民主主義、人権、市場競争原理、富の拡張と物質的な幸福、近代的な国民国家、合理的科学と脱宗教化、技術的な合理性。われわれにとって今日当然と思われるこれらの価値は、基本的に西洋近代の産物であり、十九世紀から二十世紀にかけて世界化したものであった。簡単にそれを「グローバル化した現代文明」と呼んでおこう。その核心にあるものは、西洋近代的な価値である。西洋近代のグローバル化なのである。

こうした価値が、原理的にみてイスラム教という宗教と衝突を起こすと考えることはたやすいであろう。個人的な自由、平等、民主主義、人権などはすべてイスラム的価値とは、少なくともそのままでは両立しがたい。近代的な国民国家などというシステムも西洋（とりわけイギリスとフランス）が百年前に恣意的に作り出したもので、そもそもが、砂漠のど真ん中に一直線に国境線をひく、などという暴力的行為を行ったのは西洋の側であった。

こうなると、今回のテロの背後には、西洋近代とイスラムの間の文明間衝突がある、ということは疑いえない。表面的にみれば、サミュエル・ハンチントンが唱えたような「文明の衝突」論に対する反論は山ほどあって、イスラム教徒の大半は決して反西洋的ではない、そもそもシリアからＩＳを逃れて大量のイスラム教徒がＥＵに流れ込んでいるではないか、といわれる。確かにアルカイーダにせよ、ＩＳにせよ、イスラム世界でも異端的な存在であり、ＩＳなどイスラム教徒をさえ惨殺する。彼らが忠実にコーランにしたがっているわけでもない。

こうして、この出来事を「文明の衝突」と見る見解に対する反論はいくらでもある。にもかかわらず、この事件の表層のさらに背後にはやはり文明間衝突があることもまた疑いえないと思われる。ともかくもＩＳの意図は（たとえイデオロギーだとしても）西洋が介入する以前の巨大なイスラム帝国の再建にあるのだ。

しかし、話はそれで終わるわけではない。さらに重要なことがある。それは、この文明間衝突を今日、改めて引き起こしたその引き金は、西洋近代社会の価値のアラブ・イスラム世界への浸透であり、さらには世界全体への拡散であり、それが国際秩序なるものの正当性原理とされてゆく、という歴史的事実にあるということだ。それは二つの異質な文明の歴史的な対立というよりも、「グローバル化した現代文明」そのものが引き起こしている、とみた方がよい。少なくとも、この出来事の根底には、しいていえば「現代文明の内なる衝突」というべきものがある。

十九世紀末から二十世紀にかけて、帝国主義と化した西洋的文明が世界化し、その行く先々で土着的なものとの摩擦を引き起こした。第二次大戦後の冷戦期間をへて二十世紀末から二十一世紀にかけては、いわゆるグローバリズムと称して、西洋的なもの、とりわけアメリカ的なるものが再び世界化した。そして、それは、各地の宗教的な原理主義や民族主義、文化的特殊主義、歴史の見直し、ナショナリズムに火をつけていった。

アメリカに移植されることによって、西洋近代の理念は西洋の文化風土を越えでた普遍的原理とみなされた。つまり、普遍的な「文明」とみなされるようになる。

この普遍的な「文明」の意識は、「シヴィライゼーション」という言葉からもわかるように、「野蛮《バーバリズム》」に対して高度な発展を実現したという特権的意識を伴う。アメリカ人やフランス人は、自国の市民社会に移民たちを「同化」させるというが、それも、彼らがアメリカやフランスの自由民主主義などの普遍的理念を認める限りにおいてである。だからすでに、この「同化精神」のうちに西洋の優越性が隠されている。イスラムの「シャリーア」や「コーラン」などよりも、西洋の法の精神、リベラルな民主主義の方が「文明」なのである。

かくて、その自由も平等も普遍的人権もすべて西洋中心的な組みたてのなかで意味をもつようになっている。いくら「同化」といっても、西洋の土壌に身を寄せて、しかもイスラム主義を保持しようとすれば、この「同化」した移民たちの「文明」の程度は依然として低いのである。こうした欺瞞を日常において肌で感じているものが、イスラム過激派に自己の尊厳のいささかゆがんだよりどころを見出したとしても不思議ではない。

「法」と「文明」の名のもとにおこなわれる合法的な欺瞞、合理的な力の行使に対しては、非合法的なむき出しの暴力、つまり自己犠牲という代償を唯一の口実とした自爆テロしかないであろう。

これは別にテロの正当化のために述べていることではない。いや正当化の口実ぐらいであればまだしも、正当化などあろうとなかろうと現に存在する事態なのである。たとえ独善であれ、自己犠牲つまり自爆を覚悟したものにとって正当化などもはや意味をもたない。だからこそ自爆テロは防ぎようもなく、ましてや「野蛮の殲滅」などといってもどうにもならないのだ。

ここでは本質的な対処などやりようもないのである。もしも、「文明」の側に、カントのいったような他者への根源的な尊厳があるというならば、唯一できることは、弁明の余地のない極限的な暴力の発動を引き起こした彼らの尊厳への気遣い（関心）しかない。それは、テロを「文明」の外からなされた攻撃ではなく、「文明」が生み出した異端と理解することである。「文明」が生み出した「野蛮」が、ブーメランのようにまた自らに回帰してくるのである。

実際、このテロを、今日の中東をめぐる大きな状況においてみれば、西洋近代が生み出した、自由・民主主義、グローバル経済、主権的な国民国家のどれもがまったく機能不全になっている様が浮き彫りになる。アメリカによるイラクの民主化政策が産み落としたIS、シリアをめぐるアメリカ、ロシア、トルコ、EU、そしてイランの複雑怪奇な関係、EUへ押しかける難民の群れ、ロシアとチェチェン・イスラムの関係、トルコをめぐるロシアとEU、といった複合が、まったく混沌の様相を呈しているのである。しかもその底にあるのは、EUに対抗するロシア、トルコ、汎アラブ主義、イスラム帝国の樹立など、ヨーロッパに対する反ヨーロッパの側の膨張主義であり、ニーチェ的にいえばまさしく「力への意志」なのである。

端的にいえばこうである。西洋近代は、もはや自分自身を支える内的な価値を失ってしまった。その結果、西洋近代の延長上にあるグローバリズムも、自らを支える価値をもたない。かくてグローバリズムが陥ったニヒリズムをこれほど見事に露呈《ろてい》している地域はほかになく、フランスのテロもまさにニヒリズムが生み出した出来事といわねばならない。

（二〇一六年三月号）

非常事態を隠蔽する憲法

二〇一六年春、国会でようやく非常事態条項が論議されようとしている。かなり遅きに失した（本当をいえば、一九五二年にサンフランシスコ講和条約の発効によって日本の主権が回復した時に論じるべきことであった）とはいえ、憲法改正とのからみとはいえ、いずれ直面せざるをえないことである。

もっとも、この問題が提起されたとたんに、例によってまた立憲主義に反するだの、従来の法の枠組みによって対応すべきだの、といった、どうみても保守反動的な「進歩派」の声があがる。憲法の前で思考停止という昨年の集団的自衛権と同様の状態であり、すでに見あきた光景とはいえ、つくづく憲法とは罪なものだと思う。

もちろん、憲法そのものに罪があるのではないが、憲法と聞くや否や直立不動になって「憲法を守れ」と声を荒らげる人たちは、戦前には天皇という言葉が耳に飛び込むや直立不動となって「国体を守れ」と叫んだ人たちとどこが違うというのだろうか。

時代の流れに逆行し、あるいはそれを無視する立場を反動と呼ぶとすれば、非常事態条項などというものを不必要だとするのはいかにも反動である。もっとも、反動だからといって悪だというわけではない。そもそも世の流れが間違った方向へ向かっていたとするのなら、反動はりっぱな政治的立場である。「進歩派」の人々は、世界は今やかつてない戦争のリスクを背負っているのだから日本は巻き込まれてはならないというのだろう。確かにこれは「動かざること山のごとし」だから、わざと反動の立場に立つ、というべきかもしれない。

しかし、これほど時代錯誤の正義はあるまい。世界のあちこちで紛争が生じ、テロの脅威が拡散しているとすれば、脅威から国を防衛することこそが先決だからである。国家が崩壊とまではいわないまでも、攻撃され弱体化すれば、憲法も法の支配も平和主義の理想もないのである。先決すべきは、国家の防衛の方であって、憲法護持ではない。

今日、確かに、テロや局地的紛争やさらにはサイバー攻撃も含めて広い意味での「戦争」の脅威はかつてなく高まっている。いや、より厳密にいえば、常に戦争状態だともいえる。すでに政府は対テロやＩＳとの対決を宣言しているし、サイバー戦争はいつ顕在化するかもわからない。しばしば国会議員は「常在戦場」などと妙に気の利いたことをいうが、確かに、われわれは今日、「常在非常事態」におかれているというのが本当のところなのである。

もちろん、非常事態はテロや戦争だけではない。巨大地震などの激烈な自然災害がある。新型で未知の病原体による感染の流行もありうる。かつてペストの流行によってヨーロッパ全体が深刻な危機に陥ったことを思い出すべきであろう。また、原発事故のような事態もありうる。それも、わが国の事故だけではなく、近隣国の事故という事態もありうる。こうしたとき、人々の生はいっきに動揺させられ、巨大な規模で死が唐突に割り込んでくる。それを管理するなどということは不可能だとしても、対処できる態勢は確保しておかなければならない。マキアヴェリの言い方を借りれば、気まぐれな「運命（フォルトゥナ）」と対決できるだけの「力（ヴィルトゥ）」の集約がなければならない。マキアヴェリの時代には、それは全権をもった君主であった。今日では、それは国民から全権を委譲される政府しかない。

「非常事態」において社会を管理する国家の権力は「国家緊急権」と呼ばれるが、その根拠は別に異常なものではない。現代の民主国家では国民が主権者である。そして、主権者の第一の役割は人々の生命や財産の安全確保であり、市民的な社会秩序の維持である。通常は、それは憲法を中心とする法的秩序によってなされる。主権者は代表者を立法府に送り込んで自らの意思を法の形態で表現する。行政府がその意思に即して政治を行う。

そこでもしも非常事態が発生し、この通常の法的秩序や手続きがもはや現実に追いつかないときには、国民の生命や財産、社会秩序をより有効に保全するために、主権者の意思を受けた人物や機関が広範な権力を行使できるようにするのである。非常事態とは、定義からして法的秩序の枠組みでは処理できない事態であるから、この権力は憲法を超えている。つまり憲法には制約されない。

このことは立憲主義の立場からすれば不届き千万に見えるが、そもそもの憲法の存在意義へ立ち返れば決して不届きなものではない。なぜなら、そもそも憲法とは、国民の生命財産の保護をひとつの大きな目的にして主権者たる国民自身が制定したものだからである。だから、その憲法の枠によって自らの生命、財産を十分に保全できないとなれば、主権者が自らの意思で憲法を停止することができるとみなすのは、異常なことではない。異常なのは現実の事態の方なのである。この時、国が崩壊しても憲法だけを残すなどということはありえない。憲法を守るためにも、国を守らなければならない。これは当然のことだ。

主権者は国民ではあるが、実際には国民自ら一堂に会して「非常事態宣言」を採択するなどということはできない。現実には、これは国民の負託を受けた最高の権力者、つまり首相がこの事態を宣言するほかない。ここに「国家緊急権」が発動されることになる。

この論理は、いうまでもなくカール・シュミットが唱えたものであり、非常事態という「例外状況」にあっては、議会制民主主義も憲法も停止され、主権者によって委託された独裁が姿を現す、という。この種の委任独裁は、主権者の意思の代理的表明であり、その政治は一種の決断だというのである。

シュミットのこの議論は、必ずしもナチスがそれを援用したわけではないものの、ナチスの独裁と重なり合ったためもあり、立憲主義や民主主義を否定する天下の危険思想であるかのようにみなされてきた。しかし、ここに無理な論理はない。主権者の意思の表明が、法的秩序や議会制民主主義という「通常状態」では間に合わない場合には、その主権者が委任者を通して、直接に権力（主権的決断）を発動する、というのである。

もしも、この議論に「危険」が潜んでいるとすれば、それは、委任された独裁、という点にあるのではなく、そもそもの「主権者」という観念にあるといわねばならない。委任独裁に絶対的権限を与えるものは「主権者」なのである。主権者である国民が拍手喝采《かっさい》によって独裁者を送りだし、独裁は主権者（国民）の名において、主権者（国民）のために全権を集中する。確かにこのような事態は想定できる。しかしそれでも、独裁は主権者によって権力を委託されるのであって、独裁が危険だとするなら、そのもととなっている「主権」の観念が危険なのである。

ところが今日、民主主義とは国民「主権」であると民主主義者が声高に唱えているのだ。主権者である国民の意思は常に政治に反映されねばならないという。つまり、主権者はあらかじめすでに潜在的には憲法を越えているのである。同時にまた、主権者（国民）がいなければそもそも憲法も民主主義も存在しない。だからこそ、主権者は本質的に憲法を停止することができるのである。

こういう論理がもし了解されれば、実は、非常事態条項を憲法に書き込む必要もない、ということにもなる。それは当然で、憲法のなかに事実上の憲法停止を書き込むこと自体が奇妙な事態だとも思われるだろう。いや、憲法に書き込もうと書き込むまいと、同じことであろう。国家の緊急事態においては、現状が憲法上の緊急事態にあたるのかどうか、そんなことを議会で議論している暇はないのだから、いずれ、首相なりその代理なりが、緊急事態宣言をだすほかないからである。頭の上にミサイルや爆弾が飛んできた時、誰も頭のなかで、これは非常事態にあたるか否か、検討などはしない。検討する前に防御するだろう。

ただ、そのような措置がありうることを憲法でも明記しておいた方がよい、という意味では非常事態条項を憲法に書き込んでおくことは適切であろう。

しかし、本質的な問題はそこにあるのではなく、実はわれわれの戦後憲法観そのものにある。戦後の憲法は、その前文において、「平和を愛する諸国民の公正と信義に信頼して、われらの安全と生存を保持しようと決意した。」とある。これが九条の平和主義の前提である。

もしこの前提を認めるなら、確かに、非常事態などありえないということになろう。とりわけ戦争という非常事態は存在しない。武力放棄さえすれば戦争は生じない、と想定されているからだ。もしも、「例外的」に戦争がおきれば、米軍がそれを処理してくれるはずなのだ。

何とも恐るべき事態といわねばならない。実際、こちらの方が本当の意味では「非常事態」というべきなのかもしれない。いっさいの非常事態を想定せずに、とてつもない状態はいっさいおきずに世の中は平和である、と想定することの方が非常事態もしくは「例外状態」ではないのか。本当のことをいえば、この混沌とした「複雑系」からなるこの世界では、例外状態などというものはない。非常事態は通常状態のなかに埋め込まれているのである。

したがって、非常事態を想定するということは、当然ながら、現憲法の前提を疑う、ということにほかならない。前文はすでに無効になっているのである。平和愛好的な諸国民によって成り立っている世界においては非常事態はありえない、という前提を取り下げなければならない。もはやわれわれは「平和愛好的な諸国民」にとりまかれているわけではない。非常事態条項は憲法に書きこんだものの、自衛軍をもたず、交戦権も否定されたままというのでは、何の意味もないであろう。

問われているのは、戦後憲法の精神であり、そのあり方そのものだ、ということを忘れてはならない。

（二〇一六年五月号）

大混乱の時代

二〇一六年六月二十三日の英国国民投票でEU離脱派が勝利したことは、いささかの驚きをもって報道され、少なからぬ衝撃を与えた。それは日本だけではなく、先進国全般にわたることで、世界の主要なマスメディアがおおよそ同様の報道をしているようである。日本でも朝日から読売、産経にいたる各紙が、おおよそ英国国民はとんでもない選択をした、といわんばかりの論調で、いまや、英国の離脱派は世界中から白眼視されるという状態にある。

そればかりか、当の離脱派の中からも、あの投票は自分の不覚だった、などというふとどきな人が出てくるし、離脱派を率いた前ロンドン市長は、離脱が決まるや、選挙前の威勢はどこへやら、表舞台から遁走する、という厚顔無恥な無責任さを世界中にさらした。こういうわけで、確かに、どうみても、勝利したはずの離脱派は、まったく気勢があがらない。英国の国民性にどこか気品を感じさせる冷静さと慎重さの美徳を期待している者にとっては、あの英国はいったいどこへいったのか、という感想を抱かせるであろう。

しかし、英国の選択が間違っていたわけではない。少なくとも、そう簡単に断言できるものではない。マスメディアや多くの識者による、英国の軽はずみで誤った選択、という論調もまた無責任なもので、そもそもこのような事態に導いたものが何だったのかを議論すべき絶好の機会なのである。

いうまでもなく、もともとの問題はEUそのものにあった。EUは根本的に矛盾をはらんでいた。それは、少し単純化していえば、経済的統合は敢行したものの、政治的統合にはいたっていない、ということである。経済のレベルでは国境線は消え、資本も商品も人も自由に移動できる。しかし、政治的主権は各国にあり、民主的な政府は、国民の雇用や経済状態に対して責任をもたねばならない。

しかも経済統合といっても、瞬時に移動する資本と移動の困難な労働や職業そのものの間にはギャップがひらく。資本は経済状況のよい地域や国へと瞬時に移動するが、労働者は瞬間移動などできない。したがって、政府は一国の雇用に責任をもたざるをえないが、金融政策は使えず、財政政策には赤字の縛りがあるために、ほとんど何もできない。かくて、地域や国の格差、さらには、資本と労働の格差がひらき、政治は不安定化する。これは、当初から十分に予想されたことであった。

その端的な帰結がギリシャ危機に端を発する弱体国（小国）の問題であり、その上に決定的であったのは、中東からのイスラム系移民の急増であった。多様な国家の併存である「ヨーロッパ」をまとめる共通価値は、歴史的には、キリスト教とギリシャ・ローマの遺産の継承である。しかし、あくまで近代啓蒙主義、普遍主義に足場をおこうとするEUは、それを胸の奥にグッとしまい込み、自由・平等・人道主義をEUの基本価値とした。その結果、イスラム系の中東からの政治難民を排除できなくなってしまった。

これはヨーロッパにとっては誤算であった。しかし、啓蒙主義の理想を掲げた以上、イスラム教徒であろうとアラブ人であろうと排除する理由は見当たらない。したがって、あとは感情的に反発するほかないであろう。啓蒙的な理想的「理性」に対するものは、現実的な大衆の「情緒」による反発である。多くのメディアが英国の離脱派やフランスの国民戦線、ドイツの右派やスペインの極左をポピュリズムと批判するが、ポピュリズムを生み出したのは、啓蒙的進歩主義の失敗なのである。英国の離脱派の中心が労働党支持の貧困層から中間層であり、スペインの離脱派が極左であり、フランスの離脱派が極右である、というややこしい事実が、もはや、単純な政治的色分けが不可能になったことを示している。

だが、ＥＵの失敗とは何か。それは、グローバル経済の原理的失敗であることをまずは認めなければならない。ＥＵは域内に限定されたグローバリズムであり、ＥＵ原理の矛盾は、したがって、グローバル経済の根本的な矛盾でもある。世界的な経済的一体化（とりわけ金融市場の統合）と政治的な主権国家体制の間に齟齬《そご》がうまれる。自由や民主主義を掲げた政治はそれをもはや調停することができない。

しかも、そのグローバル経済とグローバル民主主義、さらに世界的に膨張した自由主義が、イスラム過激派を生み出し、各国で所得の格差を生み出している。とすれば、ＥＵの失敗が意味するものは、ただ新自由主義的な経済の失敗であるのみならず、西洋近代社会がたかだかと掲げたリベラル・デモクラシーや人権主義的なヒューマニズムの失敗といわねばならないだろう。つまり、西洋啓蒙主義が生み出した近代的な進歩主義の理念そのものの崩壊というほかない。そのように考えておかなければ、世界の混迷の真の理由は理解できない。

英国のEU離脱の米国版がトランプ現象である。これはほとんど大西洋を隔てた対の現象ともいえる。ではトランプは何から離脱しようとしているのか。米国をグローバリズムから離脱させようとしているのである。英国の離脱が孤立主義とはいえないのと同様に、トランプの反グローバリズムも孤立主義というわけではない。ただ、英国が英国の国益のために緩やかな自由貿易を求めているのとは異なり、トランプが要求しているものは、もう少し強烈な、アメリカ第一主義的な保護貿易である。この違いはあるものの、両者ともに、啓蒙主義の生み出した進歩的理想からは明白に離反しようとしている。

そして、両者ともに、民主政治の限界、もしくは危うさを見事なまでに露呈している。確かに英国の国民投票がポピュリズム的様相を帯びたのと同様に、トランプ現象も高度にポピュリズム的である。民意が大事だ、住民投票をやれ、民意を問え、などとことあるごとに叫んでいたリベラル派の知識人やメディアが、この結果をみたとたんに、国民投票は危険だ、などといいだす姿はただただ滑稽というほかあるまいが、それは、決して英国や米国の失態というだけではなく、まさしく民主主義そのものの姿なのである。「貧すれば鈍する」というわけで、経済の調子がよければ、民主政治もそれなりに機能するものの、経済に不都合が出てくれば、民主政治のなかに情緒や感情や嫉妬や無責任が流れ込んでくる。いや、大衆の心理に伏在していたこの種のセンチメントがマグマのように噴出する。それは、今日、英米だけのことではないものの、世界でもっとも先進的な民主主義や議会主義を誇ってきた国家がこの事態に見舞われる、という事実は無視できるものではない。

そして、ヨーロッパにおけるEU派と反EU派の対立と、米国におけるクリントン派とトランプ派の対立が、どちらも「官僚」対「大衆」、「既存のエリート」対「不満をもつ大衆」という構図になっているところもまた知識人やメディアの立場を複雑にしている。知識人やメディアの多くは、従来、自分たちはエリートでありながらも、口先では「大衆」の側に立ってきた。とすれば、今回、大衆の支持するトランプにつかなければならない。しかしそんなことはできないのである。保守派にせよ、進歩派にせよ、もはや、そのよって立つ場所がなくなってしまった、ということであろう。

いずれにせよ、明白なことは、アメリカはもはや世界秩序を維持するだけの覇権的な力も影響力ももちえない、ということである。結局、二〇〇一年の九・一一テロ、それに続く二〇〇三年のイラク戦争の帰結が今日のアメリカの凋落《ちょうらく》という事態へとゆきついた、ということになる。

そして、それをもたらしたものは何か。突き詰めれば、冷戦以降、アメリカが猛然たる勢いで進めたグローバリズムであった、というほかない。新自由主義とＩＴ革命、金融革命を伴った経済のグローバリゼーションと世界的な民主化、人権主義の普遍化、といった事態である。中国の急激な台頭にアメリカの責任がある、というわけではないが、中国の急成長と軍事的強大化を可能とし、またそれを刺激した構造的な条件は、アメリカによるグローバリズムにあった、ということは間違いなかろう。

もしも、ＥＵが分裂・解体の方向に向かうとすれば、世界の地政学的な構造は大きく変化する。一方では、旧来の主権的な国民国家の併存体制へと回帰してゆくと同時に、他方では、覇権的な権力の空白をついて、中国のアジアへの進出、ロシアの東ヨーロッパへの影響力の行使、という事態は十分に予想される。そして、グローバル経済は大きな危機を迎えることになるであろう。

こうした大きな方向は、情報通の国際政治学者や国際派の知識人でなくとも、十分に予想できることである。一方では、ある国々は「外向き」を志向し、他方では自国中心的な「内向き」が並行する、ということだ。日本はもはや、アメリカを当てにすることはできない。可能な限り、自国で資本を循環できる経済構造へと向かい、可能な限り自主的な防衛を整備してゆくほかに、きたるべき「大混乱の時代」をやり過ごす道はないであろう。

（二〇一六年九月号）

「自由のディレンマ」と知識人の責任

本項は「国を開くこと」と「国を閉じること」についての混乱から書き始めてみたい。

この混乱は、社会について書く者に途方もない受難をもたらしてきた。しかもこの混乱の先兵となり、さらにはその一因ともなっているのが、ほかならぬ社会科学者や評論家・ジャーナリストであるとなると、事態は深刻である。

今日、多くの評論家やジャーナリストは、問題は政治家にあるという。あまりにものごとを単純化し、白か黒かというわかりやすい構造に議論を押し込めて、一種のイメージ・ポリティックスによって集票しようとする政治家の性癖が、あまりに議論を浅薄なものにしている。これはしばしばいわれることで、そのことに一応、間違いはない。

しかし、同様の単純化という手抜き商売を行って、あまりに粗悪な言説を世間に売り渡すという点では、多くの知識人やジャーナリストも同類である。とするならば、この言説に関わる知識人の方がはるかにたちが悪いともいえる。政治家の選挙目当てを難じるよりも、知識人の無責任を問題にする方が先決であろう。

少し長い時間で見ればグローバリズム、比較的最近のテーマでいえばTPPと、ともかくも「国を開く」というのがこの二十年ほどの政治・言論・財界を支配するスローガンであった。「開国」しなければわが国は沈没する、という。幕末・維新とのアナロジーがしばしば引き合いに出されるが、むろん幕末・維新と今日はまったく違う。第一、「開国」か「鎖国」か、「開く」か「閉じる」かなどという白黒論法自体が、いまやまったく無意味なのである。

だが、本項が関心をもつのは、ただ知識人の売名的無責任ではなく、それが現代の強力なイデオロギーもしくは哲学的源泉へとそのままつながっている点である。大衆をバカにしてのことか、自らがバカになってしまったのか、「今、日本は開国しなければ世界から取り残される」などというおどけたジャーナリズムや知識人ならともかく、今世紀を代表すると目されている思想家たちでさえ、確かにレベルの違いは格段にあるとはいえ、本質的には同じような議論を展開してきたのである。

こうなれば、いささか気味悪くなるのみならず、それこそが今日の文明がさらけだした醜態といわねばならない。だとすれば、今日の日本の世論やジャーナリズムの単細胞化などむしろほほえましくも思われ、善くいえば現代文明の無邪気な犠牲者ではないか、という皮肉な気分になってくる。

たとえば大哲学者のカール・ポッパーは、現代文明の最大のテーマは「開かれた社会」と「閉ざされた社会」の間の選択にある、といった。このポッパーの議論の上にジョージ・ソロスは自由社会のグローバリズムを根拠づけようとする。おそらくは二十世紀最高の知性のひとりといって過言ではないフリードリヒ・ハイエクにしても、そのもっとも基本的なアイディアは、開かれた「グレイト・ソサイエティ」と閉ざされた「部族社会」の対立にあった。あのアンリ・ベルグソンでさえ、「開かれた道徳」と「閉じられた道徳」を対比させている。有名なフランシス・フクヤマの「歴史の終わり」にしても、世界は開かれた自由・民主主義へと進歩する、というあまりに単純明快な図式を骨組みにしている。

どうしてかくも「開かれる」ことが大事なのか。それは「開かれる」ことは「自由」であり、「閉じる」ことは「抑圧」であるという、さして根拠もない信念がいつのまにか脳内に植えつけられているからであろう。ではその信念はどこから出てきたのか。

こうなると問題はかなり深刻になる。なぜなら、この信念の背後には、今日のきわめて有力な自由の哲学的議論が横たわっているからだ。それは例のアイザイア・バーリンのふたつの自由論にほかならない。

バーリンの自由についての主張もまた、ふたつの自由の対比から始まる。「……からの自由」と「……への自由」であり、この対比は、バーリンにあっては、真の近代的自由は「……からの自由」にあることを強調するための道具立てであった。「……からの自由」は、政治権力や宗教的権威や社会的圧力から個人の「私的領域」を守ろうとするものであり、「……への自由」とは、真に重要なもの、真の自己を実現する自由である、とされる。

バーリンは後者の自由（「……への自由」）を、実際には自由の抑圧へと転化する誤った自由観念だとしたが、その理由は、「真に重要なもの」あるいは「真の自己」という観念は、すべての人に共通するひとつの絶対的な「真」があると想定しているために、その実現は、この「真」を共有しない者を抑圧し排除するからであった。

これに対して、「……からの自由」は、今ここで生活している人間の主観的な経験を前提としている。それは普通の人間が「好きなように暮らす自由」なのだ。要するに、バーリンの区別は、価値相対主義と価値絶対主義の対立であり、それを彼は自由社会と全体主義社会の対立と見ているわけである。ここでもまた、自由社会＝開かれた社会、全体主義＝閉ざされた社会という対比が用いられている。

このような対立概念が、ナチズム体制やソ連の左翼全体主義との対決を意図したものであることはよくわかるし、それはそれで有効であろう。これらの世界では個人が「好きなように暮らす」という自由さえ手に入らなかったのだから。ハイエクもポッパーもバーリンも、そのような時代背景と苦難の経験を背負いながら書いたことはよくわかる。しかし問題は、全体主義との対決という使命によって、自由の観念についての考察が思考停止に陥ってしまう点にある。

たとえば、現代の自由・民主主義の基底になっているバーリンの「……からの自由」の観念が根本的な矛盾を含んでいることを、われわれは過小評価してしまうことになる。「……からの自由」は、多様な主観的な価値があって、それらに優劣はつけられない、という前提から出発する。とすれば、この私的領域の自由に決定的な重きをおかない価値はどうなるのか（たとえばイスラム社会、古代ギリシャのポリス、それに江戸時代の日本など）。このような必ずしも自由主義的でない価値は、「……からの自由」の社会では許容されるべきなのだろうか。バーリンは、いくぶんためらいながらも、自らの矛盾を認めざるをえなくなる。すなわち私的領域を保障することは絶対的な価値だというのである。相対主義を守ることは絶対的だというわけである。そして、あたかも、「……からの自由」をもつ自由社会は文明社会であるが、それを保障しない社会は野蛮である、という論理へと落ち込んでゆく。いいかえれば、「開かれた社会」は文明で、「閉ざされた社会」は野蛮だ、というわけだ。

このことについてレオ・シュトラウスはつい皮肉を述べている。もしバーリンのいっていることが正しいとすれば、自由主義を唱える三文文士や無頼漢が文明人で、プラトンやカントが野蛮人だということになる、と。ついでに付け加えれば、荻生徂徠や本居宣長もかなりの野蛮人になろう。

今日の自由主義者や「自由社会」の擁護者がほどこす多様で精緻《せいち》な意匠にもかかわらず、自由を擁護する基本的なモチベーションは、全体主義への恐怖であり、閉じた社会への抵抗である。その結果、自由主義者は、「自由」を絶対的価値へと祭り上げることによって、彼らが自由を擁護する根拠であった相対主義を自ら傷つけることになる。さもなければ、自由もその相対的価値のひとつにしかすぎず、せいぜい彼らは「自由愛好クラブ」を立ち上げて、時々スイスあたりの山村に集まってワインでも傾けて悦に入るにすぎなくなってしまうだろう。

そこで、確かに「自由の擁護」は、イスラム勢力との敵対から始まり、エジプトやリビアの独裁者への批判へと乗り出し、テロリストや「ならず者国家」を一括して「野蛮」と呼ぶほかなくなる。もっと小じんまりとしたところでは、市場原理主義という名の経済的自由主義者は、市場の自由に反するものを抵抗勢力とみなしてこれを攻撃し、あるいは時にはグローバリズムへの反対者をあたかも「鎖国主義者」であるかのように批判することになる。九〇年代の日本の経済社会はいまだに戦時中の全体主義・集団主義を引きずっていると批判されたのである。確かに、ブッシュ大統領が述べたように、自由社会を守る対テロ戦争は「文明」と「野蛮」の対決とみなされたのであった。

このことは何を意味しているのだろうか。ナチズムや共産主義との思想戦のなかでバーリンがつかみだした、ささやかな、しかし、どうしても手放してはならない「私の世界」は、もはや「私の世界」どころかグローバルな文字通りの「世界」へと自己拡張を続けている。世界中が、「私的な利益」や「私的な自由」を実現できる舞台になりつつある。そしてそれが激しい競争をもたらしている。「私的領域」を守るというささやかな自由は、いつのまにか、それ自体が独断的な自己実現を目ざすようになる。自由がドグマと化したとき、「自由主義」の名のもとに多様性が失われ、抑圧が進展することもありうるのだ。

われわれは「自由」という観念のもっているこの矛盾、あるいはディレンマに対してもっと敏感にならねばならない。もっといえば、これは価値相対主義のもっているディレンマともいえよう。価値相対主義は、それを貫こうとすれば、自らの正当性を主張することができず、自らの正しさを主張しようとすれば、自らを絶対化して反論を封じなければならないのである。

それでもわれわれは「自由」を至上の価値とすることができるのだろうか。われわれはどのようにしてより適切な「自由」の理解に辿《たど》りつくことができるのだろうか。残念ながら、われわれはまだ確かな答えをもっているとはいいがたい。確実なことは自由の背後には権威があり、規範があり、秩序があり、集団がある、ということである。「……からの自由」、すなわち近代的自由が失敗するのは、「自由」をこれらの背景から切り離し、性急に、権威や規範や秩序や集団とは対立するもの、ととらえたからである。そしてこのことは、何よりもまずは知識人の責任というほかあるまい。

（二〇一一年五月号）

破局は回避できるのか

今日、世界は少しずつ、破局へ向かっているのかもしれない。しばしば使用される比喩を使えば、夜な夜な宴会に浮かれているうちに沈没したタイタニックに喩《たと》えてもよかろう。

いや、もはや、少しずつというレベルなど、とっくに超えてしまっているのかもしれない。グローバル経済という豪華客船の浸水は急激にすすんでいるというべきかもしれない。この客船が出航してから二十数年、この客船を操《あやつ》ってきた新自由主義者たちが、どれほど危機を認識しているのかは不明であるものの、明らかに自信を喪失している。

グローバル資本主義がうまく機能していないことは明白である。まず、先進国の成長率は明らかに鈍化している。これは新自由主義やグローバリズムが姿を現した八〇年代に境目をとっても明らかで、新自由主義の時代は、それ以前のケインズ型・福祉型の経済運営の時代よりも成長率は下がっている。第二に、世界中で雇用が不安定になっている。グローバルな利潤機会が増加して資本の移動が激しくなった分だけ、労働にしわ寄せがきているのである。第三に、それと連動して世界中で格差が拡大している。先進国では、この新自由主義の時代になって、平均的な家計の所得水準は確実に下がっている。

しかも、この間、アメリカでは二度の好景気をへているのである。一度目は九〇年代後半、クリントン政権下でのＩＴ景気、二つ目は、二〇〇〇年代、ブッシュ大統領のもとでの株、土地不動産景気である。これらは、グローバル化やＩＴ革命、金融革命、規制緩和を推進したアメリカの新自由主義の顕著な成果だとされたものであった。

しかし、実際には、これらは金融市場や不動産市場におけるバブルにすぎなかった。実体経済がよくなったわけではない。雇用がさして改善したわけではなく、中間層から下の経済状態がよくなったわけでもない。文字通り「ジョブレス・リカバリー」にすぎなかった。そして、二〇〇八年のリーマンショック以降、先進国は経済運営の指針を見出すことができないでいる。巨大客船が向かう方向もわからず、操舵《そうだ》の方針も定まらない。新自由主義は多少修正されて、今日、超金融緩和策と財政出動が組みあわされ、いくぶんケインズ主義への修正をへながら、客船を立て直そうとしている。しかし、アベノミクスを見ても、アメリカを見ても、この「リフレ政策」は決して成功していない。つまり、打つ手がないのである。

さらに困ったことに、民主政治が事態をいっそう悪化させている。これまで左翼やリベラル派は、資本主義の暴走を食い止めるものは民主主義だと唱えてきた。資本主義が所得格差を生み出せば、大衆が黙っていない。彼らの意思は民主的な政治によって表明され、政権が不安定化し、社会主義の方へと振れるだろう、というのである。これが左翼リベラル派の見たてであった。

しかし、この目論見《もくろみ》は大きくはずれている。それはグローバリズムのおかげである。大衆は、反グローバリズムへと傾斜し、排外主義へと雪崩《なだれ》をうったのである。大衆は、資本家を敵にして社会主義や社会民主主義を求めるよりも、移民や異教徒と敵対する方向へと走り、国益を守る強いリーダーや強い国家を求めるというステイティズムへと傾いている。これは、ちょうど第一次大戦後の戦間期に経済的な苦境に陥ったドイツで、大衆は、社会主義かファシズムかの選択にさらされたのと似ている。

今日のヨーロッパも同様といってよいだろう。ドイツでも禁書とされていたヒトラーの『我が闘争』が今年（二〇一七年）解禁になったが、ヒトラーの誘惑と、ヒトラーへの警戒感の双方が同時に高まっているのだ。いずれにせよ、現状に不満をもつ大衆の民主主義がヒトラーを生み出したという事実は覆い隠せないのである。

これが、今日の世界のおおよその状況である。そして日本はこの「世界」とどのように関わるべきなのか。残念ながら、確かな答えはない。しかし、状況を認識しておくことぐらいはできるだろう。

この、グローバル資本主義と民主主義の行き詰まりに対して、今日、唯一の希望として語られるのは、AIやロボット、生命科学、認知科学（脳科学）を軸にした第四次産業革命である。この第四次産業革命のみが経済を成長させ、新たな社会を切り開く、とされている。経済成長を決定するものが労働人口の増加率と労働生産性の増加率であり、労働人口が減少するとなれば、成長を達成するには、労働生産性の向上しかない。それを可能とするのはイノベーションだけである。そして、今日のイノベーションは第四次産業革命しかない、というわけだ。

こうして、政府の強力な後押しのもとに、科学と技術と成長が結び付けられる。経済成長と国際競争力という大義のもとに、徹底した新重商主義が採用されているのである。新自由主義のもとでの新重商主義というきわめて奇妙な政策である。しかしそれも考えてみれば、さほど不思議なことでもない。民主主義が強力なリーダーである独裁を生み出すように、徹底した自由競争は最終的に強力な国家を必要とするのである。いずれも、それは、民主主義や自由競争が行き過ぎたからであって、それらが足りないからではない。もっと民主化を、もっと自由化を、といっても問題は決して解決しないのである。

いうまでもなく、第四次産業革命を強力に推進しようとしているのはアメリカである。投資家は、なんでもよいから、将来の利益を稼げそうな新たな技術や産業を必要としている。だめだとなればさっさと手を引くだけのことだ。そして、この投資家の詐術《さじゅつ》にドイツも乗せられている。さらに残念なことに日本もである。

第四次産業革命が、部分的にはわれわれの生活に大きな利便性を与えることは否定できない。生命科学は難病で苦しむ人の福音になるだろうし、ロボットは介護や工事現場などで重要な役割を果たすだろう。しかし、全般的、一般的にいえば、この種のイノベーションが、著しく労働節約的に作用し（だからこそ労働生産性があがるのだ）、一部の知能労働者や企業には多大の利益をもたらすものの、多数の「普通の」仕事をしている勤労者には打撃を与えるだろうことは十二分に予想される。となれば、そもそも経済成長さえもむずかしいだろう。少なくとも、そんなものに、将来の社会像を託するのはあまりに危険すぎる、というのが常識的な見方というべきであろう。

これは、近代社会の断末魔《だんまつま》といってもよい。にもかかわらず、先進国の指導者たちはいう。遺伝子工学、コンピューター・サイエンス、ナノテクノロジー、生命工学、脳科学、人工知能、といった現代科学の最先端を結集して経済を成長させ、それが生み出す豊かさや利便性や快適性によってわれわれの幸福をいっそう高めようと。科学者は、研究開発費を調達するためにこれらの技術の実用化を急ぎ、経済学者は、経済成長のために、これらのイノベーションを推奨する。かくて「専門家」によって動かされる政府は、この分野に巨額の資金を投じる。むろん、その資金は、(こういう言い方はあまり好きではないが)国民の税金である。そして、その成果はといえば、おそらくは、一部の知的エリートや先端的企業、そして、それらの成果を受益できる一部の富裕層へと流れるであろう。

これは、「科学」「技術」「経済成長」「幸福追求」を結び付け、それを無限に追求することでユートピアに到達しようとした近代主義の果てに出現する光景なのである。しかし、本当に、とりわけ日本人は、そんな将来を望んでいるのだろうか。そもそも、無限に続く経済成長や無限に向かう幸福の追求さえも望んでいるのだろうか。それよりは、それなりに人間の分をわきまえた生活、美的なものへの関心、自然との共生、長期的に安定した生活、徳や義の重視、といったものを大切にしてきたのではなかろうか。

　西洋の近代主義が生み出し、戦後のアメリカにおいて著しく展開された、無限の成長、生命の延長、技術革新、幸福の増大、空間の拡張、といった願望は、まったく着地点もなければ、目的もない。いや、延々と続く技術革新と経済成長のプロセスだけが存在する。この目的なき経済成長の過程を、たとえばフランスの思想家ジャン＝ピエール・デュピュイは「破局への道」だという。そして彼はこう述べている。成長主義を唱える経済学者や、技術革新こそが人間の幸福に寄与するという技術至上主義者は、実は未来など信じていない。彼らを突き動かしているものは無意識の「破局主義《カタストロフィズム》」だ、と。

　今日、世界を先導しているのは、この無意識の破局主義者であるハーメルンの笛吹きなのかもしれない。大多数は、その笛の音につられてついていっているだけであろう。どちらにも未来などない。

　デュピュイは、もはやこの運命からは逃れられない、という。彼は、悲し気に、破局がやってくることを知れば、それを覚悟しつつ、少しは、それを引き延ばす努力がありうる、という「賢明な破局主義」をとる。私もほぼ同様の気分ではあるものの、もう少し楽観的になりたい。

そもそも日本は、この近代主義文明さえも信じていなかったのではないか、と思うからだ。成長主義や技術革新主義を本当に切望などしたのであろうか。「世界がそうなっているから」という状況追従でしかなかったのではなかろうか。そうであれば、日本が真に「日本」であろうとする試みを通じて、まだ破局を回避できる可能性はあると思われるのだ。

（二〇一七年一月号）

第Ⅲ章　民主主義はどこへ行く

「演劇的政治」への道

政治の混迷とは、今日誰もが口にする言葉であるが、民主主義の混迷とは誰もいわない。今日の政治はまぎれもなく民主政治なので、政治の混迷とはそのまま民主主義の混迷といってもよさそうなものだが、誰もそうはいわない。それどころか、むしろ、一般的な論議の方向はさかさまで、政治的混迷の理由は十全な民主主義を実現していないためだ、といわれているのである。政治をここまで混沌とさせたものはといえば、戦後長期にわたる自民党の派閥政治であり、官僚支配であり、要するに「国民の意思」が政治に反映されていないからだ、というわけだ。

かくて民主主義を実現するための切り札として政権交代が行われ、期待を一身に背負った民主党が登場した。そして、民主党への過度な期待はやがて実態によってすっかり裏切られた。

民主政治のもっている「矛盾」というといささか強い言い方かもしれない。民主政治のはらむ不都合といっておいた方が適切かもしれない。しかし、政治を論じるに際して、われわれは、民主政治なるものについて、多少なりともまともに考察したことがあるのだろうか。確かに、戦後、われわれはチョコレートやら憲法やらと同じ理由で、民主主義が大好きになってしまったのだが、果たして大好きなものが何なのかわかっているのだろうか。

民主主義とは、字義通りにいえば、「国民による国民のための政治」である。それは「一部の者による一部の者のための政治」でもなければ「王による国民のための政治」でもない。ところが、「国民による国民のための政治」とは何を意味するのか。こう問うただけで、実は、民主主義の「不都合」は端的に理解できるはずである。

なぜなら、「国民による国民のための政治」が本当に実現可能なら、実は「政治」などというものは不必要になるからだ。少なくとも「政治家」は必要なくなる。究極のコンピューター民主主義を考えればよいわけで、国民から発議された問題を整理して提示する行政官がいればよく、あとはネット投票ですませる、というのが究極の「国民による国民のための政治」であり、ここには「政治」は存在しない。「政治」とは、不確定な将来に向けて多様な価値を序列化し、それにしたがって国民の長期的利益を確保するための決断だからである。それは本質的に「指導行為」であり、「指導行為」は権限を必要とするために権力闘争を不可欠の要素として含みもつ。

したがって、「国民による国民のための政治」である「民主主義」を徹底すれば、「政治」は蒸発してゆく。つまり「民主政治」という概念には本質的に矛盾が含まれている、という決定的な逆説についてわれわれは多少の自覚をもっているのだろうか。

そこで、現実の「民主政治」は、「国民による国民のための政治」から、ある程度距離をおこうとする。それは「民主主義」から距離をとる。どのように距離をとるかが「民主政治」の成否を決することになる。

今日、日本が採用している工夫は、制度的な面でいえば、政党政治と議院内閣制である。だが議院内閣制とはそもそも何であろうか。

議院内閣制の意義を最初に正面から論じたのは、十九世紀イギリスの文筆家であるウォルター・バジョットであった。バジョットは、一八六七年に著された『イギリス憲政論』において、イギリス独自の政治制度である議院内閣制の意味について論じている。

バジョットの文筆活動の大半は世論への影響力を行使するための論争的なものであるが、この書物も例にもれず、ここで彼はふたつの政治的立場に対して論争的なスタンスを見せている。ひとつはアメリカ流の大統領制であり、もうひとつはイギリスの政治制度の特質を三権分立・権力分散に見るモンテスキュー流の解釈である。これらに対して、彼が述べるイギリス政治体制の特質は議院内閣制にあり、議院内閣制と君主制の組み合わせを擁護することが彼の目的であった。

バジョットによると、内閣の特質は、議会（立法府）と政府（行政府）を「融合」する点にあって、この融合によって、内閣はきわめて強力な権力をもちうる。それは、立法権と行政権、さらには司法権の分立という権力分散に特質をもつのではなく、むしろその逆に、行政権に権力を集中する可能性を有するものなのである。

その点では、アメリカの大統領制は、通常の理解とは逆に、立法権（議会）と行政権（政府）を対立させることで、きわめて分権的であると同時に、これを言い換えれば、議会と政府をうまくつなぐ回路を欠如した点で、政治的意思決定を困難にしているのである。

これに対して、議院内閣制は議会と政府を「融合」する。その意味は、一方で、議会は内閣を作り出す。他方で、内閣（首相）は議会（衆議院）の解散権をもつ。そこで両者は均衡する。そして、通常の場合、議会で多数派を占める政党から内閣が構成されれば、議会の後ろ盾をもって内閣は大きな行政権力を発揮できるのである。「内閣はその起源においては議会に属し、その機能においては行政府に属する」のであり、それは「国家の立法府と行政府を結び付けるハイフンである」。つまり、議院内閣制は、大統領と議会に権力を分散するアメリカの大統領制よりも強力な行政権力をもちうるのである。

この場合、議院内閣制がうまく機能するためには、内閣を作り出す議会の質が問われる。もっといえば、議会を構成する政党、とりわけ多数党の性格こそが議院内閣制の行方を左右することになるのだ。ここでは、内閣を生み出す多数党と議会解散権をもつ内閣の間に、新たな権力関係が発生することとなる。

そこでバジョットはいう。議院内閣制の成立には、有能な行政府を選出できるだけの優秀な立法府（議会）がなければならない。しかし、優秀な能力をもった立法府はきわめてまれである、と。そうするとどうなるか。議会が、本来の重要な問題についての討議や審議をすることよりも、もっぱら首相や内閣をめぐって相争うようになると、結果としてまったく統治能力のない弱体な内閣が次々と現れては消えて行く。かくて、議院内閣制のメリットはまったく発揮されないのである。要するに、議院内閣制では、政府の本当の敵は官僚ではなく議会での政党間の争いなのだ。

すると結論は次のようになろう。議院内閣制のよさは、第一に議会と政党がりっぱなものであること、つまり政党政治家がそれなりに見識をもったものであること、そして第二に、その議会で選出された内閣が優れた統治能力をもって長期的に政治指導を行うこと。議院内閣制の成否はこの二つの条件に依存している。この条件がそろえば大衆というものの圧力ときまぐれな欲望から距離をおいた、それなりの指導力をもった行政府が可能となる。この時、議院内閣制は、大衆的なもの、つまり「民意」からは距離をおき、かつ強力な指導力を発揮できる、というのである。

ところで、バジョットはイギリス政治体制の特質としてもうひとつ決定的なことがある、という。それはイギリス政治体制には「威信の部分」と「機能の部分」がある、という独自の解釈である。「威信の部分」は、政治における形式的で象徴的な役割を果たすもので、君主制と貴族院がそれを受け持ち、「機能の部分」は、実質的に政治を行うもので、内閣と衆議院からなる。ここで興味深いのは、政治的指導行為には、実質的に政治をつかさどる内閣と衆議院のほかに、いわば大衆を政治に引きつけ、政治に威厳と信頼を与える君主と貴族院という象徴的で演劇的なものが必要だと見ていた点である。君主と貴族院は実質上の政治は行わない。しかし、それは威信をもって大衆を政治に引きつける。それはいわば「演劇的効果」をもっている。この両者の分業がうまくいってはじめて大衆と政治的指導の関係はかろうじて安定するというわけだ。

こうなると、日本の政治が、議院内閣制をとりつつも、著しく不安定で混沌としている理由もわかるであろう。日本にはイギリスのような君主も貴族院もない。内閣と衆議院が「機能」も「威信」も引き受けなければならないのだが、とくに後者はむずかしい。そこで今日の日本の場合、マスメディアが「演劇的効果」を発揮することで、大衆を政治に引きつけようとする。マスメディア、とりわけテレビや週刊誌は、政治を見世物化しワイドショウ化した。その結果、大衆と政治をつなぐものは、文字通りの「演劇的政治」になってしまったのである。

（二〇一〇年五月号）

利益と権利としての「民意」

「民意」や「国民の意思」が政治に反映されるべきだ、とする思想は、古くいえば古代ギリシャにさかのぼることもできるが、それが、これほどまでに政治を動かすようになったのは、今日の日本をおいてほかには見られないであろう。

もちろん、今日、われわれは、正当な政治体制は民主主義以外にありえないと信じ込んでいるのだから、「主権者」である国民の意思が政治を動かすことは当然だと考えている。つまり、「民主主義とは国民主権の政治だ」という了解がある。

こうなると、民主主義なるものが政治を崩壊させるのも時間の問題となる。崩壊という言い方が強すぎれば、政治を混迷へ突き落とすといってもよいが、いずれにせよ、民主主義こそが問題を生み出すことになる。

どうしてか。理由は明白である。端的にいえば、「民意」や「国民の意思」というまとまったものはどこにも存在しないからである。時には、それがひとつのまとまった形を示すこともあるだろう。状況によっては、確かに「民意」と呼びうるものが表出されることもある。しかし、その場合にも、それが確かなものとして持続するとは期待できない。たとえば、二〇〇一年九月十一日のアメリカを襲った同時多発テロ直後、対テロ戦争の徹底的な遂行をアメリカ国民は求めた。テロ組織を殲滅せよ、という「国民の意思」が沸騰《ふっとう》した。しかしそれも二年後に始まったイラク戦争の失敗とともに、厭戦《えんせん》気分が広がり、「国民の意思」なるものもどこかへ消失してしまった。たいていの場合、民意の表現と呼ばれるものは、集団的な情緒の表出であり、それゆえ、それは本質的に不安定である。

おおよそ、戦争や自然災害や突発的な事変においては「民意」はある方向をとることはあっても、通常状態においては、「民意」や「国民の意思」というまとまったものは存在しない。その内実は多様な利害関心の集積にすぎない。そして、非常時にはともかく、平常時においては、この利害関心はバラバラで相互に対立しあう。とすれば、ひとつの意思決定は必ず、それなりの不満層を生み出す。利害が錯綜《さくそう》して多様になればなるほど、ある決定に満足するのは少数のグループになってしまう。

こうして、多数が支配するはずの民主主義において、多くの場合、むしろ多数が政権に対して不満をもつことになる。かくて、不満をもった層は、政権は「国民の意思」を代表していない、というだろう。政権交代を要求するであろう。かくして政治は右へ左へと振れ、不安定に動揺するであろう。これはほとんど民主主義の必然的な帰結といわねばならない。

実際、二〇〇九年の総選挙で民主党を大勝させたエネルギーは、こうした不満であった。民主党の唯一の公約は「民意を実現させる」というものであった。しかし、民主党が実際に行ったのは、せいぜい福祉的バラマキであって、「政治」ではなかった。「政治」とは国家の将来へ向けた大きな意思決定であり決断である。したがって、まず一国の将来像が描かれなければならない。そして、それを国民に対して説得しなければならない。その意味で、政治は明らかに指導的行為である。このような政治的指導が可能になってはじめて様々な行政が機能する。

もしも、「政治」が作動しなければ、残るのは、多様な国民の不満を処理し、要求に答える行政だけになってしまう。これこそが実は「民意」に基づく政治であり、ここでは政治は行政化してゆく。一見したところ政治は熱気をもち、たえまなく動いており、多忙を極めてはいるものの、実際には、政治的なるもののエネルギーは行政的調整に吸い取られてゆき、行政だけが肥大化してゆくのである。やがては、ミイラ化した政治が太りきった行政に張り付いてゆく。

これは、しばしばいわれる官僚機構の肥大化や権力強化ということとはまったく違っている。行政のスリム化こそが政治改革だなどという改革論の主張とはまったく違う。そうではなく、政治そのものが行政化する、ということだ。というのも、「民意」のもとに行政をおけば、行政とは、下水道の処理から道路の整備、福祉の充実からごみの処理、地下鉄の料金や学校給食や保育園の増設にいたる、ありとあらゆる市民生活の雑事の処理へと押し込められてゆくだろう。

かくて東に飢えたるものがあれば、政治家はとんでいって私が何とかしてやるといい、西にいじめられた子供がいれば、これも何とかしてやるといい、役所に帰って福祉や教育改革を命じるのである。ここでは政治は「民意」なるものをくみ上げて、市民の日常生活の不満解消の手先になるほかない。かくて、民意中心の民主主義のさなかで、政治的なものが崩壊してゆく。


国民主権や市民主権を標榜する民主主義のもつこの種の危険は、すでにギリシャの古代から認識されていた。民衆に過大の自由を与え、その自由な民衆が権力を握ることで社会全体が放縦へと流れ、放縦へと流れる社会が権力闘争に明け暮れ、そのなかで民衆に媚《こ》びへつらう衆愚政治が出現し、本当の意味での政治を見失ってゆくという苦情は繰り返しプラトンの口から吐かれたものであった。

ここでプラトンが想定している「本当の政治」とは、国家《ポリス》の公共的な善を実現する種類のものであった。アリストテレスはそこに、公共的なものへ寄与する徳をもった市民の活動を付け加えた。そして、その上に、美徳をもった市民による公共的な善の実現をポリスの政治《ポリティックス》とみる「共和国《レス・プブリカ》」の理念が形成されてくる。デモスのクラシーである民主政（デモクラシー）は、モノ・アルヒーである君主政（モナルキー）とは根本的に異なっている。君主政が一人《モノ》の筆頭者《アルヒー》による指導であるのに対して、民主政は民衆《デモス》による力の支配《クラトス》なのである。そして、それをかろうじて抑制するものは「共和主義」の精神だけであった。

西洋近代政治思想は、古代人が知っていたこのような民主政への懐疑を徐々に取り払っていった。「政治」についての理解が近代では大きく変えられてゆくのである。古代流の何らかの共通善を実現するものとしての国家、そして、その国家の先頭に立った指導行為としての「政治」という理念は、ただただ多様な国民の要求を実現し、国民の生命、財産を保護して福利を向上させる「行政」へと変貌していった。つまり自由主義的、功利主義的政治観が支配するようになる。「共和主義」によってかろうじて支えられていた民主主義は、その支えを失って「国民主権」の民主主義へと変化してゆく。政治を支えるものは、市民的な徳性や義務を負った「公民」ではなく、私的な権利や利益の実現を図ろうとする「私民」へと形を変えていった。「共和主義的民主政」から「国民主権的民主政」への変化である。そして、その変貌の程度において民主主義はよりその堕落形態へと接近することになる。

それでも西欧においては、まだ共和主義の伝統が奥深い場所に担保され、古代ギリシャやローマにあった民衆支配に対する警戒が受け継がれてきた。民主政は君主政や貴族政とならぶ政治形態のひとつであり、多かれ少なかれ、政治とはこれらの混合によるべきだ、とする権力分立的思想が受け継がれてきた。公共善は、いくぶん姿を変えつつも、愛国心として根付いてきた。

戦後日本では事情はまったく異なっている。デモクラシーの訳語を誰が民主主義としたのかは必ずしも明確ではないが、いずれにせよこれは的確な訳ではない。福澤諭吉は民主主義とは呼ばず「合衆政治」や「衆議政治」と呼び、西周《にしあまね》も「君主の治」に対して「民主の治」と呼んでいる。確かにこの方が正確な訳であり、せいぜい「民主政治」なのである。

ところが、戦後民主主義者が誇らしげに民主主義といったときには、そこに優れた政治形態という理想主義的な意味が付与され、その現実化こそが社会進歩につながるという思想が付加された。民主主義をかりに英訳すればデモクラティズムが相応《ふさわ》しく、もともと民主政《デモクラシー》には、特別な主義主張や理想的理念の意味はなく、現実の政治的レジームを表現するだけであった。そして、同時に、西欧においてまだ民主政治を支えていた共和主義の精神はほとんど日本には根付かなかった。いや、福澤諭吉や中江兆民といった明治の幾人かの思想家は明らかに共和政治や共和主義の西欧的伝統を意識していたものの、戦後政治思想は、故意にか不備にかはわからないが、これらの明治の思想を誤読していったのである。

かくて、市民の徳や義務や愛国心（福澤の言葉では「報国心」）をほとんど一顧だにしない、市民の権利と利益からなる市民社会論の上に民主主義は基礎づけられる。これは必ずしも左翼だけのことではない。左翼進歩派は、このことを戦前の国家主義の反省としてことさら持ち上げたが、いわゆる政治的な保守派の大勢も、このことを戦後日本の現実として積極的に承認していったのである。愛国心など無用の長物とみなす戦後平和主義と、個人のエゴイズムに基盤をおく経済拡張主義は、いずれ「利益と権利の民主主義」へと堕落してしまう。

民主主義は「国民の意思」を御旗として多様な利益集団が多数派を争う擬似権力闘争の場へと変質してゆく。わが党派の不満を陳《の》べたてるには、敵対するものを特定して「彼らは民意を損ねている」といえばよいのである。これは、戦後日本における民主主義理解の帰結であった。いま、底流でわれわれの「政治」を動かしているものは、依然として戦後流、そして日本流に変形された誤った民主主義理解であることを忘れてはならない。

（二〇一五年三月号）

「国民主権」のまやかし

「国民のための政治」といういかにも民主的で便利な標語を錦の御旗に掲げたとしても、

実際には、政策は内閣が立案することには変わりない。そこでたえず政策を「国民」によってチェックする必要が生じる。そこで、「国民の意思」を選挙で反映させようとする。いやその前に、そもそも「国民の意思」などというものがあるのかという問題もある。

近年になって、民主党政権の成立や安倍自民党の復権など、選挙による政治の劇的な変化をわれわれは幾度となく目にしてきた。問題は、その結果として、政治の質がどのように変わったかだ。

ほとんど直線的で単純な命題の形で述べれば、次のようにいえよう。「課題に対する国民意識が高ければ政治の質は向上し、国民意識が低ければ政治の質は低下する」と。ところがこのように述べれば、たちどころに、この命題が事実上、無意味であることに気付くだろう。「国民意識の質によって左右されるものは真の政治ではありえない」からだ。いいかえれば、政治とは、国民意識の低い時にこそ、その指導性を発揮すべきものだからである。

一般的に言えば、政治とは三つの機能をもつ。①様々な利害の調整機能、②不透明な将来へ向けて国の指針を示す機能、③危機的な状況にあって大きな決断を下す機能。

そして実は、このいずれもが、「国民」によっては遂行できないものである。いいかえれば、政治とは、「国民の意思」をそのまま吸い上げるポンプのようなものでは決してありえない。多様でバラバラでいささか近視眼的で自己中心的な人々の「臆見《ドクサ》」を、ある程度の公共性をもった「国民の意思」へとまとめあげるものなのである。その場限りのムードでしかない「マス・センチメント」を「パブリック・オピニオン」へと高めるものなのである。

どうやら、戦後の日本には「民主主義」なるものに対して奇妙な誤解があって、民主主義とは「国民主権」であり、「国民主権」とは、国民の意思が政治に直接反映するものだという思い込みがある。このおそらくはルソーの人民主権論に由来すると思われる民主主義理解は、実はルソー自身さえも決して支持するものではなく、ルソーは、あくまで「主権者」と「統治者」を区別していたのであった。「主権」は人民にあるが、政治的意思決定を下すのは「統治者」であり、それは人民そのものではない。「統治」とは政府つまりガバメントの構成の問題であって、それには、君主制も貴族制も、そして民主制もありうる。

この両者を一致させようとすれば、民主制は全体主義へと転化する。なぜなら、「国民の意思」とは、すべての国民に共有された意思（ルソーの「一般意思」）であり、そうであれば、「国民主権」のもとで決定され、顕在的に表明された「国民の意思」には誰も逆らうことはできないからである。いや、そもそも、定義からして逆らう者はいるはずがないのである。反対者がいるとすれば、それは「国民」ではないからだ。

とすれば、民主主義がそれなりに「政治的」たりうるためには、それは「国民主権」からは一定の距離をおかねばならない。と同時に、政治家が選挙という通過儀礼をへつつ政治を継続するためには、政治は世論からあまりにはずれるわけにはいかない。この適切な距離感こそが政治的感覚ということになる。

無理やりにこの距離感を放棄しようとすれば、「主権者」と「統治者」の距離とそのバランスによって成り立つ「政治的なもの」は閉塞することになる。「政治的なもの」のうち、利害調整はともかく、将来への指針や、危機的状況への決断といった要素は著しく後退することになる。

政治に求められていることはそのようなことではない。たとえば、一方でグローバルな金融投機によって巨額の富を得る者がいると同時に、金融資本主義の余波を受けて年収二百万での人生設計を余儀なくされる者がいる場合、問題は、「不幸を最小化」することなのではなく、「幸福」と「不幸」へ分解するこのような仕組みをいかにして変更してゆくかにある。その上で、今後の「脱成長社会」における「幸福」のあり方について一定のイメージを形成してゆくことこそが要請される。

しかし、「国民」は「脱成長社会」の「新たな幸福」などという雲をつかむような話には誰も関心をもっていないだろう。関心をもつのは、自身の利害に基づき、自分の生活に関わるごく身近なテーマだけであろう。とすれば、問題はもはや派手な政権交代劇それ自体ではない。問題は民主主義そのものであることがいっそう明白になっているのだ。「政治的なもの」の衰退は民主主義においては、ほとんど不可避だとみておかねばならないのである。世論を頼んで民主主義に可能な限り寄り添った政治勢力は、やがてその世論の民主主義によって見捨てられることになるだろう。

（二〇一〇年九月号）

独裁は民主政治から生み出される

「理論」と「現実」はしばしば食い違う。そして多くの場合、人は「理論派」か「現実派」かの選択を迫られる。もっとも、「現実」がいかにも混迷をきたしている今日では圧倒的に「理論派」は分が悪い。現に今何をなすかが火急の課題になるからだ。そこでしばしば「理論的にはその通りだけど現実にはねえ……」というようなつぶやきが聞こえたり、「そんなのは理論の話で現実を見なければ」という苦情が寄せられたりする。

ところが、そのいかにも混沌とした現実のなかで、少なくとも大筋でいえば、「理論」と「現実」がおおよそ一致を見せているのが、この間の日本の政治現象である。端的にいえば、「大衆化した社会において民主主義を無条件に推し進めると政治は行き詰まる」というのが「理論」だ。大方の現代のいわゆるリベラリズムに立つ政治学者は同意しないかもしれないが、これが本来の民主主義についての「理論」というべきものであった。

むろんこのことを最初に述べたのはプラトンであるが、プラトンの説明はおおよそ次のようなものであった。政治とはその国なり社会の「善きもの」を実現する行為である。「善き国」「善き社会」「善き市民」というものがある。しかし、その「善きもの」を見通すことができるのはほんの少数の「哲学者」だけだ。

そして、民主主義のもとでは「哲学者」の見解は無視されるので、民主主義が政治的に「善きもの」を実現する見込みはきわめて薄い。民主政治の基本的価値は「自由」と「平等」にあり、この価値観のもとでは人々は自己利益を追求し、その都度その都度の政治的勢力についたり、自分の欲望を実現しようとしたり、要するに政治的定見など期待すべくもない。一方で政治家はといえば、これらの大衆の支持を得るために否応《いやおう》なくポピュラリズム（人気主義）に走るだろう。かくて民主主義の政治は「善きもの」を実現できないどころか、とんでもなく不安定なものとなる。

これがプラトンの「理論」である。きわめて説得的な「理論」というほかない。大事なことは、政治学とは、民主政治への警戒から始まった、ということなのである。

驚くべきことにというべきなのか、それとも当然のことながらというべきなのか、ともかくも、このプラトンの民主政治についての「理論」は、ほとんど今日の日本で「現実化」している。

まずそれは、かつての民主党政権の成立とその無残な帰結という形で現実のものとなった。一九九三年の政治改革以来の「政治の民主化」は、結局、「日本に民主主義を根づかせる」ことをほとんど唯一の公約に掲げた民主党政権に行き着いた。そして、それがこの三代の内閣において無残な姿を呈していることはいまさらいうまでもなかろう。

ところが、プラトンの「理論」は実はその先にもうひとつの「理論的帰結」を用意していた。それは、民主政治はただ行き詰まるのではなく、それを打開するための独裁政治(僭主《せんしゅ》政治)を生み出す、というものである。したがって次のようにいわねばならない。「大衆社会において、民主主義は政治の行き詰まりをもたらす。そこでそれを打開するために独裁が出現する」と。

むろんこのことをまた新たな「理論」として打ち出したのは、ナチスの政治的正当化をはかったとされるカール・シュミットであった。確かに、シュミットがいうように、議会制民主主義のもとでは政治は行き詰まり機能不全に陥る。政治は様々な利害のゆらめく離合集散となり、あるいは大衆的な欲望の発動の場となって「危機」を乗り越えることができなくなる。まともな意思決定が不可能となるのである。そこで「危機」を乗り越えるためには主権の発動としての一時的な「独裁」が必要となる。「独裁」は本来の主権者である国民によって主権を委託され、危機に処するための「決断」を行う。

これがおおよそのシュミットの考えだった。シュミットのこの思想にとくに不可思議なところはない。いや独創的なものでさえもない。それは、古代ローマにおいて制度化されていた一時的な独裁官を、ホッブズ流の近代的主権概念によって武装しただけのものだからだ。

しかし、確かにこの思想にはとくに「不可思議なところ」はないにしても、いささか「不穏当なところ」がある。それは、では「独裁」はどうして成立するのか、誰が「独裁官」を指名するのか、という段になると、確かな答えは得られないからだ。定義上、独裁官は「危機事態（例外状態）」において成立するのだが、ではその「危機事態」は誰が定義するのかといえば、それは「独裁官」が、というほかなくなるからである。

つまり、事実上ここでシュミットの「理論」は破綻《はたん》をきたし、後は「現実」に委ねられるのだ。「独裁官」は、「今ここにたいへんな危機がある」と、「危機」の様相を自ら定義して、「現実」のなかから姿を現すほかない。だがどのようにして姿を現すのか。それは民主主義によって、というほかない。なぜならそこには民主政治しかないからである。

こうして民主主義のなかから独裁が姿を現す。何より注意しておくべきなのは、独裁政治は民主主義に対立するのではなく民主主義のなかから出現するという点である。民主主義が独裁を生む。もっといえば、民主主義という制度を通じて大衆は独裁を要求するのである。

もちろん多少、言葉についての限定は必要となるであろう。民主的選挙が停止されない限り、独裁といえども任期付きの独裁であり、言葉の真の意味での独裁とはいえない。とはいえ、ナチスがそうしたように、民主的選挙のもとで大衆の強力な支持を得て政権を奪取し、その後に議会多数派によって「授権法」を成立させ、文字通りの独裁を実現することはありうる。シュミットのいう「危機事態＝例外状態」を議会多数派が宣言して党首を独裁者にしたてあげることは、とくにトリックを要することではない。多少のレトリックがあれば可能なのである。

それはともかく、問題は、独裁が必要か否か、ということだ。シュミットは独裁がなければ議会制民主主義のもとで「危機」は突破できない、と述べたのだ。そして、必ずしもシュミットの理論にしたがったわけではないが、結果としてナチスの支配を生み出したのである。この「理論」は果たして正しかったのか、間違っていたのか、どちらなのであろうか。

それとも「理論」は正しかったが「現実」は間違っていたのだろうか。とすれば、同じ言い分をわれわれは散々聞かされてきたことを思い出す。「社会主義の理論は正しかったが、ソ連という現実は間違っていた」。あるいは「アジア解放という大日本帝国の理念は正しかったが現実は間違っていた」と。

かつて大阪市長選における橋下現象なるものが生じた。大阪市という限定された地域であるとはいえ、大阪維新の会と橋下現象は、民主主義の機能不全のなかから誕生し、しかも大衆的な人気に支えられていた。橋下市長を独裁者と呼ぶことはできないだろうが、ほんの一時とはいえ、橋下氏自ら、今日の政治には独裁が必要だと述べたことがあった。確かに橋下のいうように、「独裁」がなければ政治は動かないのである。

しかしその理由を橋下現象は理解していない。橋下は、「敵」は既得権益を守ろうとする旧態たる市の役人であり、市議会の議員であり、教育委員会であり、中央の官僚である、という。それに対して「市民」の圧倒的な支持は自分にある、という。

この「友／敵」論、あるいは対立図式そのものが、すでに九〇年代の政治改革以来の陳腐な決まり文句であることは別にしても、今日の政治的停滞のほんとうの問題はそこにあるわけではない。「市民」あるいは「大衆」の不満そのものにある。いいかえれば、何が彼らの不満を生み出し、さらにそれを助長しているのか、ということだ。

私には、それは、もっと構造的で長期的で、しかもとらえ方によっては日本を超えたグローバルな質のものであるように思われる。九〇年代以降、日本はほとんどゼロ成長にあえぎ、所得格差、地域格差がひらき、社会生活の基盤が大きく揺らいでいる。医療や教育や家族の生活に様々な矛盾が現れている。この根本的な原因は、日本はすでに経済的には成熟社会に入っているにもかかわらず、アメリカ、中国などとのグローバル市場における競争力を確保するという構造改革政策を断行したからにほかならない。確かに世界中が程度の差はあれ、この方向を向いていったのである。

しかし、そのことが日本に与えた影響は決定的に大きかった。もはや全体のパイは増加しないのである。とすれば、競争政策は社会を分断し、格差を助長し、不安感をあおる。「絆」が昨今の流行語だそうだが、そんなあわい期待とは裏腹に「絆」など容易に断ち切られる社会を作り出してきたのだ。

これが大衆の不安と不満を生み出した基本的な要因である。とすれば、この問題を解決できる特効薬などというものは存在しない。官僚機構や行政機構の改革はそれなりに必要だとしても、そこに問題の核心があるのではない。公務員、既得権益、官僚機構を「敵」に指定して、大衆の不満を掬いあげるという独裁はいかにも危うい。問題がグローバルな規模で出現する今日の状況において政治にできることはきわめて限定されているのである。

われわれは政治に過剰な期待をかけるわけにはいかない。と同時に、今日ほど、長期的な「善きもの」の実現が求められる時代もない。だが、「理論」の教えるところによると、「善きもの」を知ることができるのは「哲学者」だけであり、大衆はそれを支持しないのだ。とすれば、かりに「独裁」が要請されるとしても、大衆の圧倒的な歓呼をもって迎えられる独裁者こそは「哲学者」からはもっとも遠い、「扇動家《デマゴーグ》」と見ておかねばなるまい。民主主義を「使いこなす」ためには、民主主義とはその核心にこのような危険をはらんだ政治制度であることを、われわれは十分に知っておかなければならないのである。

（二〇一二年三月号）

思想としての徴兵制

戦後日本の防衛に関わる論議のなかでふたつのタブーがある。ひとつは核保有をめぐる議論であり、もうひとつは徴兵制についてである。

核についてもそうだが、徴兵制にしても、その現実性というよりも思想論としての論議さえも事実上タブー視されてきたのは奇妙なことといわねばならない。それはただ思考の怠慢というだけではなく、ある意味では、不作為の罪というべき害悪とさえいえよう。

むろん、現実問題として徴兵制はありえない。そもそも平和憲法下、軍隊が存在しないとされるのだから徴兵制はありえない、と一応はいえる。しかし、実は別の考え方もありうるのであって、それは軍隊が存在しないからこそ、事実上の徴兵があってもよいのではないか、ということだ。

正確にいえば「徴兵」ではない。民兵《ミリシア》であり、民間の志願兵からなる国家防衛組織である。憲法上、公的な軍事力を保持しえないのであれば、民間レベルで国家防衛隊を形成しようという、いささか空想的な議論さえもなかった。いや実は一度だけその種のものがつくられた。それは三島由紀夫の組織した「楯の会」である。国が軍事力をもちえないのであれば、私的な民兵隊による国家防衛を意図するほかない、ということである。

三島の試みはむろんあまりに非現実的であり、江藤淳のいうように「防衛ごっこ」でしかなかったことは明白であるが、彼が提議したのは思想的な問題であった。しかも、これは歴史的にいえば決して空想的な課題ではない。実際、アメリカ憲法の修正第二条は銃器武装の民兵を認めている。アメリカが容易には銃器社会であることをやめられないのは、アメリカ（および個人）を守るのは武装した民兵だという基本的な思想が存在するからだ。したがって、民兵とは決して徴兵制ではないものの、その精神においては、いってみれば「自発的な徴兵」とでもいいたくなるものなのである。

私はいまひとつの思考の可能性を辿っている。改めていえば、平和憲法が存在したために徴兵制の論議が不要だったのではない。論理としていえば、平和憲法があればこそ、語義矛盾を承知でいえば、「自発的な徴兵」としての「民兵」による国土防衛という思想がありえた。徴兵とは民兵（武装した市民）による国家防衛の制度化にほかならないからだ。したがって、平和憲法があるために徴兵論議が不要だったのではなく、そもそも論議をする気がなかった、ということになる。あるいは、したくはなかったのである。

なぜか。理由は単純かつ明白だ。憲法から出発するのではなく、逆に、民兵による国家防衛という意味での徴兵論から出発すれば、平和憲法の正当性があやうくなってしまうからだ。それは、平和憲法と日米安保体制による日本の国土防衛という「戦後体制」を根底から揺るがしてしまうからである。

誤解する読者もいないであろうが、念のためにいっておくと、むろん私はここで、日米安保を廃止して民兵組織による防衛隊をつくれなどといっているわけではない。「戦後体制を根底から揺るがす」というのは思想的な正当性の問題である。民兵という武装市民による国家防衛の思想がもし正当なものであれば、日本の「戦後体制」は思想的な正当性をもたない、ということになるからだ。

ここで政治思想のもっとも基本的な点を確認しておきたい。それは、近代国家とは、フィクションとしてではあるが、その正当性を人々の契約によって調達している、ということだ。契約の基本内容は、国家は人々の生命・財産を守る。同時に、人々は、その基本的な点において国家にしたがう、というものである。

ところがここで重要な問題がうまれる。国家は人々の生命・財産を守るというが、どのようにして守るのか。国家の主権者が王であれば、王が自らの軍隊を率いてそれを守る。しかし近代国家とは国民主権である。とすれば、国民の生命・財産を守るのは国民自身ということになる。だからこそ、社会契約においてルソーは、何よりも国防のために国家に命をささげることを市民の義務として強く要求したのであった。

これは近代国家の基本構造である。そこには確かに矛盾がある。人々の生命・財産を守るために人々は命を捨てることを要求されるからだ。だが武装市民という民兵によって近代国家は成り立っており、それは国民主権の当然の帰結というほかない。

戦後日本では、この近代国家の当然の構造が忘れ去られた。それどころか、徴兵制は戦前の天皇主権国家と結びつけて理解され、あたかも民主国家になれば徴兵制などというものは無用の長物であるかのように考えることとした。これはまったくの誤りである。民主国家こそがむしろ、市民皆武装という「自発的な徴兵」を要求するのである。

この「原理論」が忘却されたことによって、平和憲法をただ「平和」のゆえに擁護するというふぬけたリベラル的言辞が戦後日本を覆っていった。明らかにそれは害悪を流した。そして、実はその害悪を別の表現でいえば、そもそもの「平和主義」をたいへんに緊張感の乏しい軽いものにしていったのである。

平和主義は徴兵制と真っ向から対立する、としよう。そして、徴兵制こそが思想的にいえば近代国家の原則だとしよう。とすれば、平和主義とは何なのか。平和主義をささえる根本にあるものはいったい何なのか、という決定的な問いがどうしても浮上する。

ここで平和主義とはもっとも対極にあるふたつの国を想起してみよう。両者とも強力な徴兵制度を布いている国である。ひとつはイスラエル、もうひとつはスイス。前者は女性も含めた徹底した徴兵制であり、後者は、アメリカとともに市民が銃器武装をした国である。何がかくも深く、この両国をして市民的な国防観念へと赴かせているのであろうか。

イスラエルは、シオニズムによる建国こそが悲願であった。それは旧約聖書に基づいて神の神殿を建てる国土をもつ、というユダヤ民族の二千年以上にわたる歴史の帰結なのである。むろん、イスラエルの建国がパレスティナ問題を生み出した。しかし、ユダヤ民族のパリサイ的な歴史をみれば、自らの国土を自らで守ることがイスラエルにとっては死活の重要性をもっていることになる。

一方、スイスは、いうまでもなく市民的共和国であり、しかも、戦火と侵略の絶えないヨーロッパの中にあって、永世中立という独自の「国のかたち」を守らねばならないのである。スイスほどルソー的な共和主義の理念を体現した国はない。だからこそ、中立国という独自の価値を維持するために市民が武装するのである。これは、戦争が終わって、日本でのんきに憧憬《しょうけい》のまなざしをもってみられた蒸留水のような中立国スイスなどとは、まったく異なったものである。

つまり、このふたつの国は「守るべきもの」をもっている。市民・国民が自らの命を賭して守らなければならないものをもっている。一方は宗教を確保するための国土であり、他方は、中立の共和国という理念である。だが、日本の平和主義とは何を守るのだろうか。

イスラエルやスイスのケースと対照させれば、日本の平和主義なるものがいかに浅薄で欺瞞的なものであるかがよくわかる。平和主義が悪いわけではない。だが戦後日本人に「平和」を守る、という本当の意味での覚悟も突き詰めた思想もなかったのである。福田恆存がかつて書いたように、日本の平和主義とは、本当に平和を実現するというような覚悟の決まった積極的なものではなく、ただあの誤った戦争への後ろめたさからくる消極的な言い訳にすぎず、後ろめたさを押し隠す免罪符にすぎなかった、ということだ。

もっといえば、本当に「守るべきもの」があったのであろうか。イスラエルのような神によって選ばれた民族というような観念はここにはない。スイスのような徹底した共和主義的な個人主義もない。戦後日本人にとって「平和」とは、ただ「戦争のない状態」という消極的なものにすぎなかった。「平和を守る」という言い方には「平和」と「守る」というふたつの要素が含まれている。そして、より大事なのは「守る」という方なのだ。もしも、「平和」とは断固として「守られる」べきものだとすれば、「平和」を積極的に「守る」ためにも市民は武装しなければならない。「平和」を実現するためには、「平和国家」へのいかなる他国の侵略も、また正義を伴わない理不尽な干渉にも抵抗しなければならないからだ。これは、近代国家が市民の生命・財産を保護するために、市民の武装を求めるのと同じ理屈である。

確かにこれは一種の矛盾がある。その矛盾をかろうじて支える思想があるとすれば、国軍が保持できない限り、憲法で規定された平和を守るためには、市民武装による民兵しかない。いずれにせよ、この矛盾を引き受けなければ「平和国家」などというものはありえないのである。

この単純で明快な近代国家の論理を、どういうわけかわれわれはまともに思考しようともしない。この矛盾に目をつむり、近代国家の論理についての思考停止に陥ったために、われわれは平和主義と日米安保体制という別の矛盾にどっぷりとつかって何食わぬ顔をしている。これは現実主義というようなものではなく、倫理的な恥辱というべきものであろう。徴兵制についての議論は、改めて戦後日本の平和主義の意味を問いかけるものなのである。

（二〇一〇年一一月号）

「国民的政党」はありうるか

民主政治においては、人々は多かれ少なかれ「自分の意見」を求められる。本当は「自分の意見」など、さしたるものももってはいないにもかかわらず、もっている「ふり」を強要される。そこで「民意」が必要となる。「民意」なるものに合わせれば、自分も「民意」を代表できることになるのだ。これほど便利な国民主権はない。こうしてあらゆる人が簡便な主権者になりえるのである。

だからこそ、声高に、あるいは強迫観念のように「民意」が確かめられ、あらゆる党派が、われ勝ちに「民意」につきしたがおうとする。結果として「民意」という裸の王様が支配することになる。そして政治は、まさしく風見鶏のように「民意」の方向を見ながら千鳥足で左右へとぶれる。「民意」が方向定まらず揺れ動くからである。

あらゆる政治的勢力は、このような状況をまずは認識すべきであろう。それを認識するということは、安易に「民意を反映する政治」などという偽善には手を染めないことである。まとまった国民的な価値が崩壊しているのなら、確かな「民意」などというものは存在しないからである。それは、まさしくプラトンが述べたように、今日は金銭利益にうつつをぬかし、次の日には知的なものに関心を示し、その次の日には、ただ娯楽にのめり込み、といった具合に日替わりメニューを求めるようなものなのである。

ということは、実は、ここには安定した国民的価値はもはや失われてしまった、という事実が横たわっているということであろう。いや、物事をあまりに性急に決めるのはよくない。国民的価値の共有が見えなくなっている、といっておこう。

冷戦以降の政治的課題は、何よりもまず、混沌としたグローバルな世界において、いかにして国民的利益を達成するかにある。そして、その場合の「国民的利益」を定義するためには、ある程度、共通に了解された「国民的な価値」がなければならない。たとえば、ある者にとっての「国民的利益」は、国民の平等性や福祉の充実にあるだろう。ある者にとっては、個人の自由にあるだろう。ある者にとっては、軍事力の充実にあるだろう。これらは多様な「利益・関心」である。そして、その多様なものに優先順位を付け、それを調整するには、ある程度の共通の価値がなければならない。

とすれば今日の政治の混迷の理由も明瞭である。共通の価値を設定するだけの力を政治が失っていることこそ、まず問われなければならない。国民的価値は決して「民意」からは生み出されないからだ。

今日、確かに求められているものは、一定の範囲内で共有できる「国民的な価値」に基づいた「国民的政党」であって、決して行政改革や新自由主義や経済戦略や福祉のみに特化した「専門的政党」ではない。今日の日本の崩壊は、ただ行政や公務員や財政に起因するものではなく、経済、行政、教育、家族、外交、安全保障の全般に及び、それをどのように統合する（インテグレイト）かが求められている。それこそ「国民的」なものだからである。危機は、特定の分野におけるものではなく、エミール・デュルケームのいう「社会的全体的事象」なのである。

そして、国民的価値を生み出そうとする政治は、むしろ「民意」を説得しなければならない。ゆえに「民意」の尊重などというところからは政治は始まらないのである。

自民党がそのような力をもっているかどうか、私にはわからないが、「国民的な価値」の再定義が可能だとすれば、自民党という政治勢力をおいてほかにはないだろう。さらにいえば、自民党がほんとうの「国民政党」になりえるとすれば、いま、「国民的利益」を定義できる「国民的な価値」を提示できなければならないのである。

むろんそれは、二十一世紀の日本では、たいへんにむずかしい課題である。そうしたなか、自民党は何をすべきなのであろうか。軸になるものはいくつかありえる。

第一に、自民党の結党の精神でもある自主憲法の制定である。明らかに戦後憲法には正当性がない（当時、日本には本当の意味での主権がなかった）。それをいまさら蒸し返しても仕方ないのだとすれば、自主憲法制定の精神に基づいた憲法改正が不可欠であり、独自の自衛軍を保持することは当然である。日米同盟は、その上で新たに展開するならすればよい。

第二に、少なくとも、従来の意味で経済大国主義は不可能である。しかも、今後のグローバルな経済的混乱と過剰競争の時代にあって、待ったなしの少子高齢化へ向けた新たな社会像を作るほかない。これは、グローバル化を前提としつつも、可能な限り、資源、食糧の自給態勢を確保し、国内産業による雇用を確保することだ。そのための長期的見通しがなければならず、また、そのための公共投資を躊躇《ちゅうちょ》すべきではない。

第三に、長期的に国を支えるのは、道義的な責任感をもった人々であり、人を作るものは、直接には教育と家族と地域であり、また医療や文化である。これらの社会的土台

（ソシアル・インフラストラクチュア）を強化すべきであり、また、長期的な社会像のなかに、これらの土台を埋め込まなければならない。

これらの諸点が国民的合意を得られないとは考えにくい。だからこそ、国民的合意に向けた粘《ねば》り強い説得と議論が必要とされる。

それは確かに選挙の争点とはなりにくいかもしれない。だが、具体的な政策論点はそのなかから出てくるはずである。そして最低限の合意づくりさえ成しえないとすれば、自民党に期待する理由はもはやどこにもないし、さらにいえば、今日の政治に対して期待するものはどこにもない、といわねばならないだろう。

（二〇一二年七月号）

第Ⅳ章　日本の悲劇

「死」の意味づけを失った戦後日本

あらゆる社会において、「死」を集団としてどのように意味づけるかはたいへんに大きな問題であり、おおよその社会の「価値」の基軸は「死」へのまなざしから生じるといってもよいだろう。

さしあたり「死」と関わるものを、霊性といってもよいし、来世といってもよいし、救済といってもよいが、いずれにせよ広い意味で宗教的なるものであろう。とすれば、宗教的なるものをほとんど公式的に追放した戦後日本において、「死」はどのような意味をもつのであろうか。戦後日本において「死」を意味づけることは可能なのであろうか。

まず確かなことは、戦後日本においては、「死」という現象のもつ宗教的な（霊的な）意味が否定された。となると後に残るものは、純粋に個体としての生物的な「死」

だけである。むろん、個別にいえば、ある個人の「死」は家族にとって大きな精神的意味をもつであろうし、末代の記憶に残るということもあろう。それは個別の問題である。だがひとつの社会としての「死」という点から見れば、今日の日本において、「死」は個人の個体の消滅であり、固有名詞の登録抹殺にすぎない。

いうまでもなく「死」と対立するものは「生」である。そして、「死」というものをただ個体的な生命の終息と見るならば、逆に、「生」とはただ個体の生物的生命の存続にすぎない、ということになろう。そして、確かに今日の日本では、「生」とは何よりまず、生物体としての生そのものにほかならない。かくて戦後の日本社会では、この意味での「生命」を至上のものとしたのである。

こうしたことは今日われわれにとって、わざわざ特記するまでもなく当然と思われているのであろう。しかし、まさにそこに大きなアポリア（落とし穴）が潜《ひそ》んでいることに多くの人は気付いていない。

このアポリアは次のようにいうことができるだろう。

生命を至上のものとするならば、もしも生命が脅かされればどうするのか。生命を守るためにもわれわれはその脅威と戦わなければならないであろう。つまり「生命を守るためにも生命を犠牲にする覚悟をもたなければならない」のである。これは一種の背理であり、アポリアである。ディレンマといってもよい。

同様のアポリアは、戦後日本の中心的価値である平和主義についてもいえる。「平和」は大事である、としよう。で、「平和」が脅かされればどうするのか。「平和」を守るためにも武器をとらざるをえないであろう。

いわゆる戦後民主主義についても同じことがいえよう。「民主主義」は至上のものだとしよう。しかし、民主主義が脅かされた場合には、平等の原則からして国民全員が戦わなければなるまい。そのためには国民を徴用するための強制力が必要となり、いったん戦いの状況に入れば意思決定はどうしても全体主義的になるから、民主主義を守るためにもある種の全体主義が要請されることになる。

こういう背理の根本にあるものは、「生命尊重のアポリア」というべき、「生命を守るためには時には生命を捨てねばならない」という事情なのである。この背理が明確に示されるのは、いうまでもなく他国に攻撃されるという防衛戦の状態ではあるが、しかし、事態は必ずしも戦争に限らない。巨大な自然災害についても同様のことがいえる。宮澤賢治の『グスコーブドリの伝記』が描いているように、東北の厳しい冷害から人々の生命を守るために自ら命を捨てる、という自己犠牲がここにはあるし、もっといえば、近代科学や近代技術そのものにも同様の面があって、自然災害から人々の生命を守るために自然の脅威と「戦う」という面がある。そのために次々と新たな科学や技術が展開されるのが通例で、そのプロセスの中で命を失う者はいくらでもいるだろう。それこそ原発のもととなる放射線を見出したアンリ・ベクレルもマリー・キュリー夫人も（本人はそうは思っていなかったようであるが）、自ら開発した放射線の犠牲になったと思われる。

問題は「生命尊重主義のアポリア」そのものではない。それは普遍的に見られる現象といってよい。そうではなく、戦後日本においてはこのアポリアさえほとんど意識されなかった、ということなのだ。

「生命」にせよ、「平和」にせよ、あたかも自明な所与の条件とみなされていた。本来は「生命尊重」や「平和主義」と貼り合わせになった「生命を守る」「平和を守る」ための自己犠牲、すなわち「死」が意識されることはほとんどなかった。いうまでもなくこの怠慢の象徴は憲法であるが、より根本的には、その憲法の欺瞞を理想主義などと取りつくろってきた戦後日本人の精神の欺瞞にある。

ところでこのことが意味するのはどういうことだろうか。

「生命」であれ、「平和」であれ、「民主主義」であれ、あるいは「国体」であれ、「天皇」であれ、ともかくもそれらをひとたび「価値」とするなら、「守る」という観念において「守るために生命を賭す」という原理が作用する。それが「民主主義」であろうと「天皇」であろうと基本形は同じことで「……を守る」ためには「死」を覚悟する、ということになる。そして、「……を守る」の「……」よりも以前に、「守る」という態度がなければならない。これは別に好戦的だとか愛国的だとかという話ではなく、ほとんど単純な論理の結論である。

ジャン＝ジャック・ルソーが民主主義者かどうかは知らないが、もしも彼を民主主義者というのなら、ルソーがいったことは、「民主主義の社会を守るためにも、市民はすべからく死を覚悟せよ」ということであった。そして、戦後日本で代表的な政治哲学の範型を提供したルソーについて、ほとんど誰ひとりこのような注解をした者はいなかった。

「……を守る」といった時に、「守る」という態度にどれほどの強度が保てるものであろうか。それを決定するひとつの要素は「……」についての確信であろう。つまり「価値」についての確信である。したがって、戦後日本にあって「生命は大事」といったり「平和は大事」といってみたりすることはいくらでもできるが、誰もが本当にはその「価値」を確信をもって信じていたかというと、どうやらそうではなかったともいえる。

言葉は言葉であるとしても、確信をもって発せられる言葉とそうでない言葉がある。戦後日本の「生命尊重主義」や「平和主義」は、とりわけそれが政治やジャーナリズムのなかで、すなわち公式的な言説として、しかもいかにも正義の装いをもって発せられた時には、理想どころか、ほとんどの場合、「価値」でさえもなかったといってよい。なぜなら、もしもこの言葉の重みを感受する者であれば、同時に、この観念がはらんでいる深刻なアポリアにも思いをいたさないわけにはいかないからである。そうだとすれば、それほど気安く「生命尊重」や「平和主義」などを唱えるわけにはいかないであろう。

表面上を見れば、戦後日本は戦争に巻き込まれなかった。だから、「生命尊重」や「平和」といっても実感を伴わないともいえる。あるいは、本当に危機的事態になれば、アメリカが「生命」と「平和」を守ってくれると高をくっていたともいえる。それはその通りである。

だがもうひとつ重要な理由があるように思う。それは「守る」ということにつきものの、「死」に対する意味づけが不可能になってしまったからではなかろうか。

ここで実は再び「生命尊重主義」のアポリアへと立ち戻ってくる。なぜなら「……を守るために死ぬ」ということは、生命よりもいっそう高い価値を想定するほかないのだが、「生命」それ自体を最高の価値におけば、何かを守るために命を賭けるという態度が出来しようがないからである。つまり、何らかの自己犠牲の精神そのものがでてこないのだ。その結果、戦後においては「死」というものを、「……のため」という形において、意味づけることができなくなった。

これはおそらくユダヤ・キリスト教文化を背景にした西欧とも、また、イスラム文化をもったアラブともかなり異なっていると思われる。聖戦であれジハードであれ、そこには「正義」や「神」のための死、という観念が、濃淡は別にしていまだに生きている。「死」が来世の救済と結びついているからである。肉体（生命体）の消滅と霊（精神）の永続が区別されている。現世における（社会的な）「死」の観念が来世（超越性）によって意味づけられるのである。

こういう意味での広義の宗教的意味づけが戦後の日本では見られない。

ところで、かつてＮＨＫで『おひさま』という朝の「連ドラ」が放送されていた。戦前・戦中から今日までを生きてきた一女性の人生の回想物語であるが、この女性は「あの戦争」によって長兄をなくす。長男は模範的な優等生で医者を目ざし、従軍医師として出征中に命を落とす。一方、二男は（あまり出来がよくなく）予科練に入隊し、死を覚悟で戦地へ行くものの生還するのである。その生還した二男が「どうして兄貴が死んだんだ。死ぬのは自分だったのに」と涙をこぼす場面がある。

確かに、われわれの「死」への思いにはこのようなものがある。そこには「死」を救済とみなす観念はない。「正義の死」という観念もない。肉体の消滅はすべての消滅なのである。このいっさいの消滅という「無」の前にすれば、すべては理不尽としかいいようがない。ここでは「無」は絶対であり、「死」は理不尽な偶然によって与えられる。

だがだからこそ、生者はただ「生きている」ことに対してある種の「罪の意識」を感じるのではなかろうか。ここで生者はただ生きるのではなく、「死者」の思いを引き継いで生きるほかない、という意識である。この時、われわれはかろうじてあの「ただ生きていることが大事だ」という「生命尊重主義」を少しは超え出ることができるのではないだろうか。それは宗教というようなものではあるまい。しかし、その時、われわれは、かすかに「宗教的なるもの（われわれの生命を超えたもの）」へと接することになるのであろう。

（二〇一一年九月号）

欺瞞の構造

日米新安保条約は一九六〇年の五月十九日、国会で強行採決され、六月二十三日に条約は発効した。この期間、全学連のみならず国民的な規模での反対運動が盛り上がっており、反対運動は六月十五日の国会前衝突で頂点に達した。だが考えてみれば、五月十九日から六月十九日への運動の国民的拡大とは、安保条約そのものをめぐるものではない。安保条約そのものはすでに実際上は成立していたからである。

ではこの期間の「国民的盛り上がり」は何だったのだろうか。それは、岸信介首相が国会で行った強行採決に対する反対であった。非共産党系の全学連は別にして、共産党系の運動体や市民団体、知識人たちの「アンポハンタイ」は、政府の民主主義蹂躙《じゅうりん》への批判となってゆく。要するに、争点は「アンポ」そのものから民主主義の擁護へとすりかえられていった。

しかし、このような民主主義擁護論はいかにも倒錯的である。戦後において、日本の民主主義論は平和主義と不可分の関係にあった。戦後民主主義は平和を実現するものであり、民主主義に対する敵対者は平和への挑戦者だと理解されていた。

ではその場合、日本の平和は何によって実現されているのか。当時の世界状況を考えれば、それは日米安保体制によってである、といわざるをえない。平和憲法が戦後日本の平和を担保したわけではない。米軍による抑止力によってであった。一国の平和とは、武力放棄の憲法によって担保されるのではない。近代国家においては、平和とは国の安全保障の問題であり、安全保障の問題とは防衛力の問題なのである。

とすれば、次のようにいわなければならない。戦後民主主義も平和主義も、日米安保という安全保障体制の前提のもとではじめて成立していた、と。したがって、日米安保体制はただ日本国の防衛にあたっただけではなく、戦後民主主義や平和主義、すなわち憲法を守ったわけである。アメリカが作製した戦後憲法を米軍が守ったようなものである。もしそうだとすれば、「アンポハンタイ」と「戦後民主主義を守れ」は決して単純には結び付かない。この両者の間にある深い溝に対してまったく無自覚だったのが、当時の反安保の進歩派知識人たちなのであった。

一方、岸首相の意図は、サンフランシスコ条約と同時に成立した旧安保条約においては必ずしも明確化されていない、アメリカの日本防衛義務をいっそう明確化しようというものであった。したがって安保条約改定の意味は、日本は米軍への基地提供の見返りに、米軍は「日本および極東」の安全に対して責任を負う（正確には日米共同防衛であるが）というものであった。岸首相は、こうして片務的な安保体制を双務的な、より対等なものへと改定したとみなしていたのである。

岸首相からすれば、国民的「アンポハンタイ」はほとんど予想外の事態であった。なぜなら、占領政策の延長上にある一方的な旧安保条約をいっそう双務的、相互的でいくぶんかは対等なものへと接近させるのが安保改定だったのだから。

当時の状況を考えれば、反安保の進歩派知識人などよりもはるかに岸首相の現実判断の方が正しかった、というほかない。憲法九条のもとでの非武装中立などという選択肢はありえない。冷戦体制下であることを考えれば、日米安保体制の堅持というほかに選択肢はなかったであろう。

では「アンポハンタイ」に別の論理はありえなかったのだろうか。むろんそうではない。もうひとつの「アンポハンタイ」論はありえた。それは、非武装中立ではなく、自主防衛への道である。そして、実は、この自主防衛への道筋を少なくとも意図していたのは、むしろ安保改定を行った岸首相や自民党の一部の人たちであった。

　安保改定を行った岸首相の真意は、安保改定によって国民的支持を獲得し、それを背景にした総選挙で自民党を大勝に持ち込み、やがては憲法改正への道筋をつけようとしたともいわれている。いずれにせよ、岸首信介相をはじめとする、鳩山一郎らの旧民主党系の人たちは自主憲法制定論者だったのである。

　いうまでもなく、岸首相のもくろみは外れた。しかも想定外の大きな外れ方であった。これ以降、自民党政権はあからさまには憲法問題を持ち出すことはできなくなり、それどころか池田内閣の成立とともに、「政治の季節」は終わり、国民こぞって経済成長へと文字通り邁進してゆくのである。その意味では、「アンポハンタイ」の革新勢力は勝利したのである。「民主主義を守れ」という戦略は功を奏したことになる。

　こうして憲法改正は政治的議題からはずされていった。しかし同時に安保条約はより「強固」なものとして固定化していった。「アンポハンタイ」の運動が日米安保体制を固定化したというのはたいへんな皮肉であるが、考えようによっては、それこそが革新派が心底望んでいたことというべきかもしれない。安保体制と平和憲法がワンセットだとすれば、平和憲法を事実上維持するためにも、安保条約を破棄することなどできないのである。

あれから半世紀をすでに超えた。もはや誰も「アンポハンタイ」などという者はいない。それどころか、今日、日米関係は「日米同盟」と呼ばれて、日米関係は「深化」したといわれている。

「日米同盟」という概念を明確に提示したのは二〇〇六年に日米で合意された「日米同盟：未来のための変革と再編」であった。そこではまず日米同盟は「日本および太平洋地区の平和と安定」に貢献すべきものと定義され、さらにそれは「世界における課題に効果的に対処するもの」とされている。そのためには、日米が「共通の戦略目標をもち」、その実現のために米軍と自衛隊の間での役割分担を行う、というのである。

日米安保体制を、ただ日本（および極東）の安全保障の装置ではなく、「アジア・太平洋地域」の安全のためのものへと拡張を行ったのは一九九六年の「日米安全保障共同宣言」においてであった。そして〇六年には、日米関係は「世界の安全」のためのものになり、日米で「共通の戦略目標」をもつ、とされた。いうまでもなく、この背後には、世界を戦場とするアメリカの対テロ戦争、「ならず者国家」との対決があった。テロ集団とならず者国家との対決において日米は共通の利害関心と戦略をもつ、というわけである。

むろんこれは日米安保体制を超えている。安保条約をはるかに超えでたものであり、この「同盟」は、新安保条約の「双務性」といった概念とは根本的に異なっている。「ならず者国家」とは、自由・民主主義等の文明社会に対する脅威であると定義するのがアメリカの価値観であり、それゆえ、日米「同盟」とは、世界の自由・民主主義文明を脅威から守るという「価値観を共有」するものだとされたのであった。

二〇〇六年の「日米同盟」にあたって外務省はふたつの口実を唱えた。ひとつは、「ならず者国家」と対決するアメリカへ協力する見返りに、北朝鮮の脅威から日本を守るべくアメリカに要請できる、というものであり、もうひとつは、今述べた日米で価値観を共有している、という論点であった。

しかし、これは口実としての説得力はない。北朝鮮の脅威がもしも現実のものとなれば、従来の安保条約の枠内においても米軍は日本を守る義務があり、また、「世界の自由・民主主義を守るためには敵対国に予防的先制攻撃もありうる」という価値観を日本は決して共有してはいないからだ。

だが、問題を突き詰めれば、どうしても、そもそもの問題の初発の構造へと戻らざるをえまい。本来の問題は、北朝鮮の脅威にいかにして米軍頼みで備えるかではなく、なぜ自らの防衛力によってこの脅威に対処できないか、にある。また、「価値観の共有」と「戦略の共有」とは、いいかえれば、九・一一以来のアメリカの世界戦略や世界秩序構想に日本も積極的に関与するということである。「日米同盟」といえば聞こえはよいが、集団的自衛権さえ十全に行使できない状況のもとでは、これはとても対等な「同盟」どころではない。従属的関係にならざるをえないことは自明であろう。

そこで、もしも、岸首相がかつて意図したように、この同盟をいっそう対等なものとするのならば、国軍の創設を明示し、集団的自衛権の行使も明示すべく憲法改正に着手する必要が出てくる。軍事力や情報力に大きな差異があるとはいえ、制度的にいえば、双方の軍隊が一応、対等の立場で相互協力することになる。もしも、日本がアメリカと価値観を共有して、世界秩序形成に軍事的にも参与するとするならば、そこまでする必要があるだろう。

しかし皮肉なことに、もしも憲法改正が可能となるならば、そもそもの初発の問題である「自主防衛」が現実味を帯び、安保条約そのものの見直しにもいたるであろう。事態は、サンフランシスコ条約の状況まで戻ってしまうのである。いま現状でそのような事態は想定しにくい。しかし想像することは可能であろう。それでようやく、「敗戦後＝アメリカによる占領」が終わることになるのであろう。

（二〇一〇年七月号）

領土問題が意味するもの

尖閣諸島は、一八九五年に沖縄県が現地調査の上、同県に編入することが閣議決定され、その後、古賀村が登記されている。中国と台湾が領有権を主張するのは、この地域に油田、ガス田の存在の可能性が取りざたされるようになった七〇年前後であるから、この諸島が日本の支配下にあり領土の一部であることは間違いない。したがって、同島を自国の領土だという中国の主張には正当性はない。二〇一〇年九月から十月にかけての尖閣諸島をめぐる中国の行動は、根拠がないものである。

にもかかわらず問題は発生している。領土紛争とは常に政治的なものであり、法的な正当性だけで片付けることはできず、法的正当性の背後に「力」という別の要因が作用することはいうまでもない。

しかもこの「力」を誇示するかのように、尖閣問題がおきた二〇一〇年は十一月に入って、ロシアのメドベージェフ大統領が北方領土を訪問し、同島の実効支配を既定事実化しようとした。ここに竹島を付け加えれば、日本はいまなお、中国、ロシア、韓国との間に深刻な領土紛争をかかえていることになる。これらは多少事情が違うとはいえ、歴史的な正当性としていえば日本固有の領土であるにもかかわらず、中国、ロシア、韓国は既成事実を積み重ねることで、実効的な領土化を図ろうとしている。

背後にあるものは、一種の「力」なのであるが、その場合の「力」は二つの次元をもっていることに注意しておかねばならない。ひとつは、「軍事力」であり、もうひとつは「言葉」である。尖閣、竹島、北方領土に共通するのは、中国、韓国、ロシアが政治的・軍事的な「力」を背後に同島を実効支配しようとすると同時に、他方では、かつての戦争についての歴史認識や日本の侵略的性格などを持ち出す「言説」による圧力である。

とくに、中国とロシアは、領土問題がおきた二〇一一年の十月、改めて「あの日本の侵略戦争」に対する共同の勝利を確認し、ロシアは九月二日を「対日戦勝記念日」に制定した。メドベージェフ大統領の北方領土訪問が中国の尖閣と連携したものであることは明白であり、その「共闘」の根拠は「歴史問題」なのである。

ここで、われわれは改めて重要なことに気づかざるをえまい。領土問題が法的にはともかく政治的には未決着であるとすれば、厳密な意味ではいまだにあの戦争は終結していない、ということになる。確かに尖閣はサンフランシスコ条約によって日本の主権下におかれ、日米安保条約第五条の適用下におかれている。北方領土は、一九四五年、八月十五日の戦争終結以降にロシアが占拠したものである。竹島は五二年に李承晩大統領が一方的に領土化を宣言したものである。それぞれに問題の状況は異なるものの、中国、ロシア、韓国という隣国との間で、政治的な意味でいまだに国境線が確定していないということは、戦後日本の主権の範囲が確定していないことを意味しており、ここに、国交回復を果たしていない北朝鮮を加えれば、果たして本当に戦争は終わったといえるのであろうか。

だが、ここで「厳密な意味で戦争は終結していない」ということにはもうひとつの意味がある。それは、今回の事態が、既述のように、二つの意味での「力」を背景にして生じている、ということだ。「軍事力」と「歴史認識」である。この二つの「力」において日本は圧倒的に不利な立場におかれている。そして、その両者は、ともに「あの戦争」の帰結であった。

敗北とそれに続く占領政策は、戦後日本を非軍事化するとともに、日本に対して侵略国家という道義的罪科を与えた。その上に、今日の事態が生じている。言い換えれば、尖閣における中国の強引な行動は、ただふがいない民主党政権（当時）を直撃しただけではなく、いわゆる東京裁判史観のもとで平和国家へ転換したという戦後日本そのものへの挑戦というべきものであった。

もしかりに今後中国が、尖閣における漁業権保護を口実に海軍を派遣すればどうなるのか。むろん、過剰に危機をあおる必要はないが、尖閣を固有の領土とする中国の主張からすれば、必然的な帰結として想定しておかねばならない。「尖閣問題は存在しない」などといって問題そのものを無視しようという政府・外務省の対応で済むものではない。

この場合には、日本の領土が侵略されたことになるので、通常の国際法上の理解でいえば、日本は個別的自衛権を発動できるし、しなければならない。このことは中国との交戦状態に入ることを意味するので、集団的自衛権によりアメリカの参戦が期待されることになる。ではアメリカは無条件に集団的自衛権を行使するであろうか。答えはそれほど明確ではない。アメリカは、一方で尖閣が日米安保条約の対象であると述べながら、他方では二国間の領有権紛争は両国で解決すべき問題だといっている。少なくとも、アメリカは日本を防衛するとは断言していないのである。

常識的に考えれば、アメリカは尖閣の領有権をめぐる日中の紛争などには介入したくないであろう。まして、北方領土問題でロシアと対立したくはないであろう。アメリカの意図は東南アジアの資源をめぐる中国の帝国主義的な行動を牽制《けんせい》することであって、日本の尖閣保持のために中国との戦争を辞さず、という姿勢を貫くとは考えにくい。そして、実は、今回の中国の強硬な姿勢も、日本を刺激するのが目的というより、アメリカの出方をはかっていると見た方がよいであろう。

だがいずれにせよ、尖閣で生じた事態は、改めて日本の防衛のあり方を根本から揺さぶりかねないのであって、そもそも「アメリカは助けてくれるであろうか」などという議論そのものが、日本の防衛の基本的な欠陥を如実に示している。

ここにおいてまた、われわれは、戦後日本の国家の根本的な矛盾へと押し戻されてしまうのだ。いうまでもなくそれは、憲法九条による非武装の平和主義と日米安保体制によるアメリカ依存の防衛体制である。近い将来における憲法改正が無理だとすれば、当面の現実としては日米安保体制を堅持するほかない、ということになる。しかし、安保体制に依存していては九条改正から自主防衛体制の確立へという道筋は容易には得られないのである。このディレンマの前にわれわれはずっとたたずんでいる。

しかしその上でいえば、今回の尖閣の事態、そして、まさに生じようとしている北方領土をめぐるロシアとの確執、竹島をめぐる韓国との確執を想定すれば、それらが意味することは、領有権という最高度の国家主権に関わる事態においては、他国の助力に依存することはあまりに不確定性が高すぎるということである。もっといえば、自国の領土を守るという主権の発動においては基本的には自力による防衛しかありえないのだ。

集団的自衛のシステム、つまり同盟体制は、両国の利益の上に成り立っている。冷戦体制においては、社会主義国による日本への侵攻は、日本を対社会主義の前哨基地とみなすアメリカの不利益でもあった。しかし、尖閣をめぐる日中の小競《こぜ》り合いが、アメリカにとって中国との関係を決定的に悪化させるとなれば、そこまでして日本を守るほどの利益をもたらすとは思えない。とすれば、日本の領土は日本人が守る以外にない。しかもそれは「防衛」の基本原則へ戻るだけのことなのである。そして実は、その気になればそれは可能なのであり、先にも記した通り、平和憲法といえども、国際法的な通念上は、自国が攻撃された場合の個別的自衛権の発動までは禁止しえないからである。

問題は「その気になれば」である。「その気になる」のは国民である。しかし、まさしく平和憲法のおかげですっかり「その気」を忘れ去ってしまった国民にそれを要求するのは困難といわざるをえない。そして、その戦後の平和主義にどっぷりとつかってしまった国民の選択した民主党政権が、あろうことか尖閣問題に関して「粛々《しゅくしゅく》と司法にしたがう」などといって見事に「政治主導」を放棄したのもまた象徴的な光景であった。

明らかに、中国、ロシアは、民主党政権の外交的な無能をみすかした上での牽制《けんせい》的で挑発的な行動に出ている。さすがに日本国内でも菅政権への不満は高まっているし、対中国感情も急激に悪化した。しかし、問題の本質は感情論ではない。敗戦後の繁栄を、平和主義と歴史認識という二つのきわめて異例な事情のもとに作り上げてきた戦後日本の必然的な帰結がここに示されている、ということだ。

歴史認識において中国に対して負い目をもち、平和憲法のもとでの防衛においてアメリカに負い目をもつという戦後日本の姿がここにあぶりだされる。これが主権国家として変則的であることはいうまでもない。そのことを知れば、「自国の領土は自国で守る」という「常識」へと戻る以外に道はないのである。尖閣というとんがった無人の小さな島が大きな意味をもつのは、この問題がその「常識」を思い起こさせてくれるからにほかならない。

（二〇一一年一月号）

「保守主義者」と「保護主義者」

思想と現実的な政策の間には常に乖離《かいり》があり、しかしそれだからこそ、思想は、思想独自の意義をもちうるのであろう。だが今日のようにこの乖離があまりに大きくなってしまうと、思想を論じることが時として空しく感じることも事実である。

思想はどうしても、それなりの原則から出発してそれなりの論理に即応しようとする。ところが政策は常に現実の状況の流れに棹さして判断を下そうとする。そこでかりに現実が「ひずんだ」ものだとしよう。原則に照らしてそれをただそうとするのが思想であろうが、政策はその「ひずんだ」現実を前提として実際に即応した判断をくださなければならない。かくて「ひずみ」は累積される。

だが、そもそも現実が「ひずんでいる」などとどうして言えるのであろうか。実は思想と現実のひらきが修復不能なまでに拡大するのはまさにこの点であって、思想は本質的に現実をより高度な基準からして眺め、それが妥当なものかどうかを判断しようとする。これに対して政策は、そもそものような超越的な判断を避けようとする。現実をある程度は前提として、実現可能な領域に身をおく。思想が価値に関わろうとするのに対して、政策は利益に関わろうとする。

もちろん、政策の背後には思想がなければならない。利益の判断は、もともと思想がなければ下しえない。両者は結びついているはずだ。だからこそ思想を論じる意味も出てくる。

しかし、思想家が想定する価値と、政策担当者が想定する現実の間にあまりに大きな溝ができてしまえば、この両者を結びつけることはかなりむずかしくなる。つまり「価値」についての論議と「利益」に関わる論議を架橋することが、かなりむずかしくなるのだ。

このことが如実に示されているのが、自由貿易やグローバリズムをめぐる議論であり、最近の具体例で言うと、たとえばTPPをめぐる議論であろう。

TPP推進にさしたる根拠がないことを論難することはたやすい。自由貿易論にはさしたる根拠はなく、グローバリズムが予定調和的な市場秩序を生み出すなどというのはまったくのでたらめである。しかし、そのことがそれでは自動的に保護主義を肯定する論理になるかというと、ことはそれほど単純ではない。すなわち、「思想」として保護主義を擁護することは果たして可能なのであろうか。

TPPに対する推進派の論理は、これを推進しなければ日本はアジア市場を失い、外需依存構造をもった日本の経済成長はますます困難になる、というものである。それに対する反対派の主張は、もしTPPを推進すれば、農業や地方産業を中心に国内産業は大打撃を受け、ますます経済は低迷するという。

しかしここにあるのは、ともに現実的な「利」に関わる判断である。そして「利」に関わる判断は簡単には決着はつかない。事実、推進派の経済産業省は、TPPを締結しなければ、ＧＤＰの成長率は低下するといい、農林水産省は、ＴＰＰを締結すれば大きな打撃になるという。実際、農林水産省はＴＰＰを推進することでＧＤＰに対して十兆円を超える損失をもたらすと試算し、経産省は、ＴＰＰを推進しないことによって約十兆円の損失がうまれると試算していた。前者が、産業界とりわけ輸出企業の利益を代弁していたのに対して、後者は農業利益に傾斜していた。当時の民主党菅政権は両者の言い分を聞き、産業界へはＴＰＰでご機嫌をうかがい、農家へは個別補償を与え、さらに農業強化政策をとるといったのだった。

これはすなわち、「利」についての論議なのである。では「利」でない、「価値」についての論議は可能なのであろうか。

自由貿易と保護主義の対立が経済学史の上ではずっと継続してきた。もっとも、対立という意味ではこれはとても五分五分とはいいがたく、相撲で言えば横綱と前頭ぐらいのひらきはある。むろん経済学史の中では自由貿易論がずっと横綱をはってきた。

しかし、フリードリッヒ・リストが保護主義を擁護するにあたって、アダム・スミス流の自由貿易主義も実は先進産業国の「国益」にほかならないと言った時、問題は「価値」の次元から「利益」の次元に移っていたのである。スミスの自由貿易主義のなかには、いくぶんかは「ものごとの自然の秩序」や、あるいは自由主義イデロオギーへの傾斜、さらには、ジェイコブ・ヴァイナーが論じたように、キリスト教的世界秩序観があった。リストはそれをすべて断ち切った。リストはすべて「国益」という一語のもとへと議論を集約させようとしたのである。

まぎれもなくリストは正しい。リストの自由貿易批判は正しい。しかし同時に彼は、保護主義を「正しい」という論拠も失ったのである。彼がいったのは、ドイツにとっては保護主義が「利」にかなう、ということだけであった。したがってまた、イギリスにとっては自由貿易が利にかなうということにもなる。

果たして、保護主義を「正しい」ということは、できるのであろうか。つまり「利」ではなく「価値」について論じることはできるのだろうか。

もしもこのように問題を立てれば、われわれは「保護主義は何を保護しようとしているのか」と問わねばならない。それは「国益」なのか、「成長率」なのか、「雇用」なのか、それとも農業すなわち食糧なのか。

そうではないであろう。問題の立て方がまずいのである。「保護主義」が何かを保護するのは、そのものを「保守」するためである。では何を「保守」すべきなのか。

かつて三島由紀夫は『文化防衛論』のなかで次のように論じた。文化を防衛するとは、文化財を保護することではない。文化とは、常に作り出し形成されてゆくものであり、そこには文化形成の主体がある。文化を形成する主体があってはじめて、この主体が「武」をとって文化を守ろうとするのだ、と。

もちろん、この議論をそのまま保護主義にあてはめることには無理がある。だが三島にならっていえば、日本という国をたえず作り出し維持する主体があるのならば、この主体は日本を保守しようとするであろう。この日本とは、歴史的に形成された社会とわれわれの生活であり、文化である。社会生活も文化も、三島が言うように、決して生活博物館や文化博物館に展示されるものではない。作り上げてゆくものである。その創造的な主体があれば、彼は「文」を守るためにも「武」を取るだろう。保護主義が、日本の何か大事なものの保守を意味するのなら、どうしてこれを経済の議論に限定できるのであろうか。保護主義を唱えるならば、どうして自主防衛を唱えないのであろうか。これは「保守」する主体の基本的な立場のはずである。

かくて、かつてＴＰＰで先鋭化した農業問題は、憲法改正問題と無関係ではないのである。それどころか、本質的には（あるいは思想的には）同一の問題である。保田與重郎という名をここで引き合いに出せばますます現実から乖離するのだが、保田は、農業こそは「神ながら」の日本の国の骨格だと力説した。農業において、日本人は神とともにあり、儀礼をおこない、自然にしたがい、自足して利を求めることはなかった。したがって、農業を「利」によって酌量《しゃくりょう》しようとしたとたんに、それは近代的な堕落の道をたどるほかないのである。

この保田の論をそのまま再説しようというわけではない。しかし保田の極端な反近代主義は、われわれが忘れてしまったある盲点を突いている。それは、「国益」といったとたんに、日本の「農」はもはや「保守」されえない、ということである。「保護」はされても「保守」はされないのである。「農」を「保守」できるのは、保護主義やら農家補償ではなく、それを「文化」として創造してゆく主体だけである。

「戦後平和主義」の奇矯

（二〇一一年三月号）

中国が尖閣の領有権を主張しだしたのは、一九六八年に、この地域の海底油田の可能性が指摘されてからのことである。竹島は、一九五一年九月にサンフランシスコ条約が締結されてから五二年四月に発効するまでの間隙をぬって、李承晩ラインが一方的にひかれて韓国に編入されたものである。国際法的な根拠がまったくないことは明らかである。にもかかわらずやっかいなことに、竹島は、その後、韓国が警備員を常駐させて実効支配（不法支配）を続けている。

さらにここにロシアとの間の懸案《けんあん》である北方領土を付け加えてもよいであろうが、そうなると、まずは、日本は東アジアにおいて、いまだに国境線が確定していないことになろう。中国、韓国、ロシアとの間の国境線が確定していないのであり、少々、極端な言い方をすれば、あの戦争は厳密な意味では終結していない、ということになる。もう少し穏便に言っても、まだあの戦争の戦後処理は終結していないということだ。

米英蘭などの連合国とはサンフランシスコ条約において戦争終結した、ということは可能であっても、東アジアでは厳密には戦争は終結していない。もちろん、ここにいまだに国交回復がなされていない北朝鮮を付け加えなければならない。それこそ国際法的にいえば、北朝鮮とはいまだに潜在的には交戦状態にある、とさえいわねばならない。

もちろん、私は、好戦的感情をあおりたてるためにいっているのではなく、これらの国と事を構えよなどといっているのではない。だがまずは、この事実をわれわれは受けとめなければならないであろう。しかも、それは何も今になって始まったことでもないのだ。実際、日韓基本条約においても竹島問題は明示的に取り上げられることはなく、日中友好条約においても尖閣問題は先送りされ、日ソ平和友好条約においても北方領土は先送りされているのである。というだけでも、厳密な意味では東アジア地域の国境は確定していないことを意味していた。戦後処理は決して収束してはいないのだ。

ひとたびこのことを認識すれば、まずは、戦後憲法の平和主義を根底から疑うのが常識というものであろう。なぜなら、この憲法の平和主義は、前文にある「平和を愛する諸国民の公正と信義に信頼して……」なる文言に帰結しているからである。この憲法は、もはや世界から戦争はなくなった、日本以外の他国はもはや戦争を望んでもいないし、平和愛好的である、という前提で書かれている。

もちろん、この条件は冷戦体制の開始とともに崩れ去っており、だからこそアメリカは日本の再軍備を求めたわけであるが、それにしても、そもそもあの戦争の処理が終結せず、国境線が確定していないという事実を前にしただけでも、まずは憲法上の平和主義が破綻していることは自明と言うほかない。

問題は日本の防衛に関わることである。そしてそうなると決まって持ち出されるのが、日米同盟の強化である。アメリカによって守ってもらえばよいではないか。そのためには日米の信頼関係の構築こそが大事だ、という議論である。

この議論に対しては私はさしていう言葉もたない。同じことを繰り返すのみである。すなわち、戦後の平和主義という前提から出発すればそれ以外にいいようもあるまい。

しかし、他国による自国の防衛という事態が（そして戦後平和主義が）いかに変則的で欺瞞的な体制であるかということを知れば、この戦後の体制を変えていくほかあるまい、という以外にない。

現実的には困難であろうと、原則的には簡単な話である。まずは、自国は自国民によって防衛されねばならない、というのが原則なのである。そして、本当は、この原則を国民がしかと認識すれば、事態は容易にかつ急激に変化するであろう。ただし、この国民的認識を変更することこそがたいへんに困難なのではあるが。

しかし、その点で言えば、今日の尖閣、竹島、そして北朝鮮問題ほど、問題を鮮明にしている事態はない。竹島は日本の領土であると政府も明言する。とすれば、「本来は」竹島を実効支配（不法支配）している韓国に対してはこれを実力で排除するほかない。当然、韓国は軍隊を派遣するから交戦状態を覚悟しなければならない。また、尖閣については、中国はこれを「核心的利益」とみなし、いかなる手段を使おうと、日本の実効支配を許さない。艦船をこの区域にたえず派遣している。この状況下でたとえば中国船が尖閣に上陸すれば日本はこれを実力で排除するほかない。このことはいずれ日中の軍事衝突にいたる可能性が高い。こうしたことは、現実的可能性というより前に、簡単な論理の問題であり、推定される事態における必然性の問題である。いずれにせよ、この事態にわれわれは備えなければならないのだ。

さて、ここにもうひとつ重要な点がある。それは次のようなことである。

尖閣にせよ、竹島にせよ、北方領土にせよ、この背後には実は資源問題が横たわっている。尖閣における石油資源に中国がいちはやく反応を示したことはすでに述べた。竹島の場合には漁業資源があり、さらにはメタンハイドレートの可能性が指摘されている。北方領土も資源埋蔵の可能性が指摘されている。さらにとりわけ中国にとり、尖閣は、台湾、沖縄の間に位置し、海洋上の軍事的拠点としても重要性をもっている。

すなわち、それらは、資源確保や軍事的要所という文字通りの「国益」につながっているのである。これは現在から将来へ向かう要因である。いずれの国も将来の国益をここに見ているのである。

ところがさらに、もうひとつやっかいな問題がある。それは将来ではなく過去からやってくる。すなわち「歴史認識問題」だ。中国・韓国は、それぞれ尖閣・竹島問題はあの戦争にからんだ日本の植民地化と切り離すことができない、という。尖閣は日清戦争における、竹島は韓国併合における、日本の大陸進出の起点であった、という。もしも日本があの戦争における大陸進出を侵略戦争と認めてそれを反省するならば、両島を中国・韓国へ返すのが当然だという。

もちろんこれは日本からすればいいがかりも甚《はなは》だしい。しかし、興味深いことに、ある意味で、このように歴史は回帰するのであろう。いや、回帰するように見えるだけで、ここに、過去が将来へと接続されるというべきなのであろう。

日本が竹島から韓国併合を始めたわけではないし、尖閣から大陸進出を開始したわけではないが、いずれにせよ十九世紀末から二十世紀初頭は帝国主義の時代であった。日本の大陸進出はこの時代背景なしには理解できない。すなわち、資源と市場の獲得をめぐる列強がしのぎを削る時代であった。

そして、実は、今日のグローバル経済のなかで生じていることも、かつてほどあからさまではないにせよ、一種の帝国主義的状況なのである。グローバル競争が激しさを増し、グローバル金融市場がいかにも不安定な様相を示し、その結果として世界経済の全体が不況へとなだれこんでくると、資源、食糧、市場などをめぐる国家間競争が生じる。G7にせよ、G20にせよ、世界は各国間の軋轢《あつれき》を解消する手立てがもてない。資源や市場の確保こそが各国の生命線になってくるのである。

かくて、二十世紀の初頭と二十一世紀の初頭が重なり合ってくる。より正確に言えば、十九世紀末から二十世紀の初頭にかけて生じた帝国主義的な状況と、そのもとでの資源や市場をめぐる諸国の軋轢という事態は、二十世紀を通ずる歴史の底流をずっと流れ続けてきたといってよいだろう。

にもかかわらず、われわれは、あたかも世界の諸国民が平和と公正を愛好する方向へと推移するかのように「戦後」を開始したのであった。そこには、アメリカによって喧《けん》伝《でん》されたひとつの歴史的イデオロギーがあった。それは、あの戦争は世界制覇を企む野蛮なるファシズム国家と自由民主主義を守護する国家との争いであった、というものであり、歴史観としては、ヘーゲルを下敷きにして後にフクヤマが述べた「歴史の終焉《しゅうえん》論」であった。その歴史イデオロギーのもとで、あの戦争は世界に対する日本の道義的犯罪であると断罪され、その贖罪《しょくざい》が戦後平和主義となったのである。

奇妙なことに、竹島、尖閣は、二十一世紀を二十世紀の初頭へと重ね合わせる接着剤のような役割を果たしている。中国・韓国は、それを百年少し前の日本の大陸への植民地化の象徴であるということで、逆に、今日、これらの諸島が、資源をめぐる争奪戦の対象であることを際立たせ、今日の世界状況が帝国主義的なものであることを、改めて想起させているのである。とすれば「われわれ」にとって、この小さないささか奇矯な形をした島は、改めて「戦後平和主義」なるものの奇矯さを思い知らせてくれるはずであろう。

（二〇一三年一月号）

「戦後レジーム」の完成

二〇〇三年にアメリカがイラク攻撃を敢行したとき、当時の小泉首相はいちはやくこれを支持し、ブッシュ大統領への協力を表明した。その理由は日米同盟があるというもので、この同盟の維持と強化が日本の国益になるというものであった。

その後、アメリカのイラク攻撃は失敗であることが明白になり、国連で攻撃の必要性を説いた国務長官のコリン・パウエルは、後に、この決定を自分の人生における最大の愚行であったと恥じた。ブッシュ自身も後に、この作戦が失敗であったことを事実上認めている。

にもかかわらず、日本政府も小泉首相もその後、イラク戦争についてはまったく一言もない。反省もなければ弁明もなく、マスコミも野党も忘却を決め込み、批判も追及もなされない。

しかし、ここには実に重要な問題があった。「国益」とは何か、「同盟」とは何かと改めて問い直すきっかけになるはずであったからである。

イラク攻撃やフセイン政権の打倒が直接に日本の国益になるとは考えにくい。イラクもテロ組織も日本をターゲットにしていたわけではなかった。むしろ、イラク攻撃による中東情勢の混乱からくる石油供給の不安定化や、大量破壊兵器の拡散による中東の不安定化というマイナス要因の方が大きかった。

したがって「国益」はあくまで日米同盟の維持ということになるが、このことは実はかなり深刻な問題を含んでいる。もともと近代的な世界秩序における「同盟」とは、十九世紀ヨーロッパの勢力均衡を前提とした国際関係において成立したものである。それは、諸国の利害が錯綜するなかで、各国が勢力均衡を保つための外交上の策であった。常に戦争への危機にさらされた国際関係は、確かにクラウゼヴィッツがいうように、「戦争は他の方法で行う外交」であったが、また同時に、「外交は他の手段で行う戦争である」ということもできたのだった。

だから、諸国間の対立と戦争を前提とした上で、諸国は、自他のパワー・バランスの保持を目的とし、もしくは自国に利をもたらすために同盟を結んだ。その結果、同盟の相手もしばしば組みかえられたのであった。

これが、「国益」を守るための本来の同盟である。しかし、日米同盟は、その成立の経緯からしても、またその現実的性格からしても、この種の勢力均衡下における同盟とはまったく異なっている。アメリカのイラク攻撃における日本のアメリカ支持は、北朝鮮ミサイルの脅威にさらされた日本の防御のためだ、という。また、尖閣をめぐる中国の脅威にさらされているからだ、という。

これらは事実である。しかし、アメリカからすれば、北朝鮮にせよ中国にせよ、もしもそれらの国がアメリカに対する現実的な脅威となれば、日本からの要請の有無とは関係なく、いざとなれば交戦状態にはいるだろうし、その必要がなければあくまで現状維持や懐柔を続けるであろう。尖閣問題をめぐって中国と交戦状態にはいるなどと簡単に予測することはできない。

つまり、「国益」の意味がアメリカと日本では大きく違うのである。たとえば、「対テロ戦争」を遂行し、イスラエル問題（ユダヤ人問題）や石油利権をもつアメリカにとってアラブ諸国へ深く関与することがアメリカの「国益」だからといって、日本がそこに「国益」をもつとはいえない。軍事的な意味における日本の「国益」はあくまで、日本の領土や国民が直接攻撃にさらされる場合に発生する。それは、世界秩序を守ることがアメリカの「国益」にかなうとみなすアメリカとはまったく異なっている。果たして、アメリカがシリアの独裁政権を攻撃したとして、それはまた直接に日本の「国益」なのであろうか。

そこで持ち出されるのが「価値観」である。小泉政権のときにも日米同盟の基盤は「価値観の共有」にあるといわれた。とりわけ、対テロ戦争を想定した上で、二〇〇〇年代のなかばには日米同盟の再定義がなされ、日米は共通の価値観に基づいて安定した世界秩序の形成に向けて協力するとされた。この場合の価値観とは、自由、民主主義、人権思想などの共有という意味である。簡単にいえば、中国や北朝鮮、イスラム諸国、アラブの独裁政権とは敵対する、ということである。

これはそもそもの「同盟」概念の大きな変更であるだけではなく、ある意味では、たいへんに重要な決定である。価値観の相違による世界の線引きを意味しているからである。冷戦の崩壊はイデオロギー対立の崩壊を意味していた。その後、世界は、一方では、「歴史の終焉」論のように、自由、民主主義、市場経済の世界的展開とみる考えが出現し、他方では、「文明の衝突」型の世界観が出現した。

もしも、価値観による新たな冷戦という見方が本当に成立するとすれば、これはこの両者を折衷したものである。一方では、自由、民主主義、市場競争原理などの普遍性が唱えられる。他方では、中国やイスラム諸国など、異なった価値観によって統治されている国がある。ここに価値観の対立が生じるというのである。結果として、ポスト冷戦は、西洋文明と中国文明・イスラム文明の間の対立になるというハンチントンの「文明の衝突」説へと収斂《しゅうれん》することになる。

今日、安倍首相は、日米同盟は、両国の共通の価値観によって支えられていることを強調し、さらには、「価値観外交」と称して、アラブ諸国まで含めて二十数カ国を訪問するというきわめて積極的な外交を進めている。確かに、日本の国際的なプレゼンスが高まったことは疑えない。

しかし、実は、小泉元首相にせよ、安倍首相にせよ、「価値観」を掲げつつも、イスラム諸国との対立の意志もなければ、中国の体制転換を要求するわけでもない。「価値観の衝突」という新たな「文明の衝突」を予測しているわけでもなければ、それだけの事態を覚悟しているわけでもない。とくに安倍首相の場合、「価値観外交」なるものの真意とは、せいぜい、アジアや中東諸国、さらにはアフリカまで含めて、経済上の利益を軸にして「日本の味方」を作っておこうという程度のものに見受けられる。

とすれば、価値観による同盟や価値観外交とは何なのだろうか。やはり問題となるのはアメリカである。

しばしばアメリカは自らを例外的な国だという。「アメリカ例外論」である。その意味は、アメリカの自由、民主主義、人権などの価値観は普遍的であり、その普遍的な価値観によって構成された国はアメリカをおいてほかにはない、ということだ。そこから、アメリカは世界の中心であり、アメリカ的価値観の世界化という使命を帯びている、という自己特権化も出てくる。

一方、日本にも「日本例外論」がある。しかしその意味はまったく逆で、日本は世界でもまれなほどの独特の文化と価値観をもった国だというのである。したがって、世界標準などというものを日本に押しつけられては困る、というのだ。

にもかかわらず、日本例外論がまるごとアメリカ例外論に飲み込まれてしまっている。もしも、アメリカがアメリカ例外論を真に自覚しておれば、その例外論のもつ矛盾にすぐさま気づいていたはずであろう。アメリカ的なものの「普遍性」を唱えること自体がアメリカの「例外性」なのである。だから、他国はそもそもこの普遍性を受け入れるはずはない。

ところが、われわれ日本人にはその認識がきわめて乏しい。一方で、日本文化や日本的価値は独自である、としながら、他方でアメリカ的価値は普遍である、という無自覚の矛盾を何とも感じていない。そして、次には、日本的価値の例外性を日本の孤立と等置し、続いてこの独自性を日本が外にひらかれない原因とみなすようになる。

いうまでもなく、「普遍性」を唱えること自体の例外性を自覚することなく、アメリカ的価値を普遍的なものと受けとめたのが、戦後日本の歴史的構造であった。アメリカによる占領政策、戦争の解釈、アメリカ型の歴史観、それらが戦後日本人の精神的空洞を埋めていった。本当に埋めたのかどうかは疑問である。しかし、自由民主主義、人権、ヒューマニズム、技術革新と経済発展、こうしたことを無条件で幸福の内実だとみなしたのである。この上にできあがったのが「戦後レジーム」である。

自由や民主主義など近代的理念の普遍性をめぐるアメリカの価値観は、それを世界化するという使命と結びついたものである。そのためには、アメリカは、世界のいかなる場所においても軍事行動を起こす用意があり、それが国益と直接に結びついた場合には予防的先制攻撃も辞さない。ネオコンの思想家たちが抱いていた歴史観、すなわち、世界は自由を実現する正義とそれを阻止する悪との戦場である、というユダヤ・キリスト教的歴史観こそがアメリカの価値観の典型であり、また極端なあらわれでもある。

自由や民主主義の普遍性といった時には、このようなメシアニズム的な歴史観が前提になっているのだ。いうまでもなく、われわれはこの種の終末論的歴史観とはまったく無縁というほかない。ユダヤ・キリスト教的背景もない。そもそも戦後の日米関係は「同盟」などと呼べるものではないし、ましてや「共通の価値観」によって強く結ばれた同盟などというものではない。果たして、この自己欺瞞をいつまで続けるというのであろうか。

（二〇一四年一月号）

天皇の退位問題が示すもの

ことさらに猛暑が続いた二〇一六年の八月八日に、天皇陛下の、いわゆる「生前退位」を強く示唆するメッセージが発せられた。それを機に、いくつかの雑誌を舞台に、賛否両論が飛びかった。私もメディアから意見を求められたが、そのこと自体、私にはあまりうれしい話ではない。それを説明するのは結構、骨の折れることなのである。

そもそも、皇室の事情も知らず、さして深く考えたわけでもない私などが愚見を述べる筋合いでもなければ、そもそも意見というほどのものも持ち合わせていない。君主だろうが、象徴であろうが、もしも天皇という存在を、日本の歴史と文化と国民統合の基軸におくとすれば、われわれは、政治的な意味ではなく、それこそ文化的・象徴的な意味での「臣下」である。君民一体といっても、同一平面に並ぶのではなく、あくまで「君」と「民（臣）」の関係なのである。

私は、何か復古的、右翼的天皇主義を述べているのではなく、これは、戦後の象徴天皇観に立ってもそうである。なぜなら、現憲法にはこうある。第一条で、天皇は日本国民の統合の象徴である、という。そして、第二条で、皇位は世襲のものである、とされている。このふたつを見ても、天皇は、ただ一個の私的な「家族の長」なのではなく、独特の家族の独特の長であることが示されている。この独自性は、いうまでもなく、日本国民をあたかもひとつの巨大家族と見、それをまとめる「長」を象徴するというところにあるだろう。

しかも、皇位が世襲である、という意味は、この場合に統合される国民は、ただ現在、ここにある国民というだけではなく、歴史的存在としての国民なのである。さもなければ、国民統合を象徴する天皇が世襲である意味はない。世襲であることによって、国民は、過去から未来へと引き続いて継続する歴史的概念になるのである。

とすれば、歴史的にいえば、日本は天皇という「君」が統治する国であり、国民はその「臣」であった。これが、日本の国民の歴史的統合の姿なのである。念のために付け加えておけば、ここでいう「統治」は政治的な権力を天皇が独占するなどということではない。ここに日本の政治形態の独自の意義があって、日本の統治は、天皇に権威を預けて、形式上の主権者となし、政治の実質的な遂行者は、政府（幕府や内閣）であった。この権威と権力の分離こそが、日本の政治システムの大きな特徴である。

いくつかの例外的な時期はあるものの、天武天皇が事実上、天皇制を確立し、持統天皇がそれを継承して以来、おおよそその形は保持されてきたのである。明治に入って近代的で西洋型の君主制を取り入れても、天皇が直接に政治に参与し、天皇の意思と決断によって政治が動くことは、例外的ケースを別にすれば、原則的にありえなかった。天皇はただ、内閣が行う政治を「総覧《そうらん》」するだけなのである。

したがって、天皇とは支配者としての「君」であるわけではなく、われわれもまた服従者としての「臣」であるわけではない。ではこの「君・臣」関係の本質は何か。それは、「天皇」という位置のもつもうひとつの独自性による。すなわち、天皇とは、一種の宗教的な司祭の「長」という位置にある。天皇は、形式的に日本という巨大な家族を治める（統治する＝統《す》べる）その「長」であると同時に、宗教上の「長」でもあった。

そして、ここに国民統合のもうひとつの次元が見えてくる。それは、日本とは、ある共通の祖先、すなわち「皇祖皇宗」をもったひとつの巨大家族、すなわち「万世一系」によってつながったひとつの民族である、という観念だ。

もちろん、歴史的にいえば、これは天武天皇が天皇統治によって大和王朝中心の統一国家を作り出すための神話であり、イデオロギー装置であった、ということはできる。おおよそのところ、それが事実であろう。しかし、重要なことは、むしろ、この神話的装置が、天皇を政治的権力から遠ざけ、なかば宗教的存在者にすることで権威の位置に押し上げた、という点であり、そのことが、日本の政治を、中国の易姓《えきせい》革命のような覇《は》道《どう》による権力政治とも、ヨーロッパのような、征服王朝の権力政治とも区別される独自のものとしたのである。

日本には、本質的に「王殺し」、つまり「革命」はなかった。為政者や権力者は血みどろの抗争を繰り返すものの、天皇まで惨殺されるという「革命」はなかった。「王殺し」は、フレイザーの『金枝篇』で知られているような未開社会だけではなく、近代のフランス革命やロシア革命にいたる政治的「伝統」をもっている。むしろ、「王殺し」をもたない、しかもきわめて長い歴史にわたる国家体制を維持してきた国の方がめずらしい。そして、日本において、それが可能であったのは、ひとつには、海外からの侵略を比較的受けにくい島国であった、という地理的利点によるとともに、もうひとつは、天皇が宗教的な「長」としてなかば脱世俗的存在となったからである。

日本は西洋的な意味でいえば、確かな国民的宗教をもっていたとはいいがたい。日本人の宗教的信条を取り出し、記述することはかなりむずかしい。しかしそれでも、民衆の間の土着的な宗教意識を取り出せば、柳田国男が述べたような、先祖への恐れと崇拝の念、超自然的なものを「カミ」とする畏敬の念、死者の魂と生者との交感、農耕の豊《ほう》饒《じょう》を祈る祭祀《さいし》や祭り、といったものを見てとることはできる。

確かに、それらを明治以降に成立する国家神道へと収斂させることは決定的に間違っている。しかし、それでも、いわば頂点に国家神道をすえ、底辺に民衆信仰や民衆的宗教意識をもったある種の「儀礼の体系」をもって、日本人の宗教観のひとつであった、ということはできよう（もうひとつは、奈良時代から鎌倉にかけて興隆した仏教であろう）。そして、天皇とは、その権威を神聖性から引き出し、同時にその実際上の力を公的な祭祀の長という働きから得ていた。それゆえに天皇は「かしこき」存在として「君」であり、また、われわれは、天皇の祭祀にしたがった「臣」であった。

概略、これが、天皇が、日本国民の統合の象徴である、という意味である。繰り返すと、日本の天皇制度は、西洋の君主制などと比べても、まったく異なった特徴をもっている。それは（1）政治的権力からは分離された権威の位置におかれる。（2）形式上の君主であると同時に、宗教上の祭祀者である。（3）天皇自身が神話にしたがったなかば神聖な存在である。この三つである。日本の天皇制度は、もともと、この三位一体のもとに維持されてきたのであった。

ところが、戦後、この三つのうち、（1）と（2）は保持されたが、（3）は否定された。昭和二十一年（一九四六年）の元日に出されたいわゆる「人間宣言」（正式には「新日本建設に関する詔書」）だけではなく、それは戦後憲法によって明らかである。なぜなら、天皇の地位は主権の存する国民の総意に基づく、とされたからである。主権者は国民の側に移った。したがって、天皇の権威（地位）を担保するものは、神話や聖性ではなく、国民の意思というもうひとつの神話に移った。戦後日本は、「王殺し」のみならず「神殺し」までやったのである。

これは、三位一体となった本来の意味での天皇制度に対する破壊であった。しかし（1）と（2）からなる天皇は保持された。だから、戦後日本は、その憲法に示されているように、天皇の位置づけについて、きわめて不安定な状況を生み出してしまった。一方で、それはあくまで「国民の総意」に基づく。つまり、天皇の位置は国民主権に服する。しかしまた、天皇は世襲であり、その構造は「皇室典範」に求められる。そして、「皇室典範」は、通常の法律と同様の扱いとなった。なんとも奇妙な折衷なのである。

ここから奇妙な混乱が生じる。旧皇室典範では天皇家のことは天皇家が決めればよい、とされている。議会とは無関係である。つまり、天皇家は、神的性格をもった日本の統治を任された独特の家である。しかし、別に公的存在というわけではない。神的であることと公的であることとは異なっている。皇室は神聖性を負っているが、国民の代表でも象徴でもない。

これに対して、戦後の皇室典範は、その改正は国民代表の国会の議をへた法律改正になる。つまり、皇室は神的性格をはく奪された代わりに公的性格を与えられたのである。

天皇の即位や継承に関しては人々（主権者）の公共的議論にゆだねられるのである。ところが、実際には、戦後の天皇は「人間」であり、皇室は、私的なファミリーになってしまっている。

ここに戦後のひとつの欺瞞がある。「皇位は世襲である」という天皇の地位に関する根本的な規定は、明らかに、天皇家の独自な性格を示しており、それは「普通」のファミリーとは異なったものだという。戦前であれば、その世襲の意味は、神話的叙述に求めることができた。しかし、戦後、この世襲の根拠は定かではない。つまり、戦後の民主主義と天皇制が本質的に合わないのである。そのことがまさに今の憲法第二条に現れている。それは「天皇の地位は世襲である」といいながら、「国会の議決した皇室典範の定めるところにより継承される」とある。ところが、皇室典範は、国民の意思でいつでも変更できるのだ。とすれば、国民の意思で、世襲の在り方をかなり自由に変えることができる。皇室の在り方に国民が大きく介入できることになる。これは、本来の天皇制度の精神に反するであろう。

私は、今回の「生前退位」問題について特別な意見はない。「退位」というより「譲位」というべきだろうとは思う。天皇制度の本質に鑑《かんが》みれば、「承詔必謹」ということになろう。それでよいと思う。しかし、右からも左からも（とくに右側から）「かくあるべし」というような意見が乱れ飛ぶことの方が、いかにも「戦後的」なのである。とはいえ、われわれは「戦後」に生きる以上、それについて苦情をいうわけにもいかないのであろう。

（二〇一六年一一月号）

憲法からではなく、国家からの出発

私には、戦後日本で、なぜかくも多くの憲法学者が「護憲」を唱えるのか、ずっと疑問であった。憲法学の中心である解釈憲法学においては、憲法の各条文の整合性ある解釈が課題とされている。したがって、憲法それ自体は所与のものであって、憲法それ自体の良し悪しを論じるいわばメタ憲法学はその視野にはいらないであろう。その意味では、そもそも、現憲法の良し悪しを論じることは不可能であろう。護憲も改憲もないのである。

一方、憲法はどうあれ、「現実」は時とともに変わりゆく。だからこそ、憲法の条文解釈も必要とされるのであって、そもそも憲法の解釈論が成立するには、憲法を前にした現実の変化という事態が前提となっているはずである。だとすれば、現実の変化を前にした解釈の変更は当然ありうる。それにもかかわらず、憲法解釈を変えてはならない、というとすれば、それは、憲法解釈を固定して現実を否定することになる。つまり、ある特定の解釈にしたがった憲法があるだけで、「現実」は無視されることになるだろう。こうなると、一度なされた解釈は原則的に変更不可能になるから、そもそも解釈論そのものが不必要になってしまう。これではまた、護憲も改憲もない。なぜなら、護憲とは、現実の変化にもかかわらず現憲法を守るべし、とする立場であり、改憲とは、現実の変化のゆえにこそ現憲法を変更すべし、という立場だからである。

双方とも、本来は「現実」への理解や解釈が前提になっているはずなのである。もしも、「現実」を見ないなら、護憲も改憲もない。「現憲法は、現実に存在するがゆえに変更してはならない」などという奇妙な論理はありえない。確かに、ある解釈が示されたときに、「その解釈は憲法解釈として行き過ぎである」という主張はありうるであろう。しかし、その立論からただちに「だから、憲法を守れ」などという価値判断も出てはこない。なぜなら、その同じ主張から、「だからこそ、現実をかんがみて憲法を改正すべし」という主張もありうるからである。

その意味でいえば、二〇一五年夏から秋にかけての国会における安全保障関連法にまつわる論議は、ほとんど、憲法をめぐる狂気、もしくは酔狂の体のものであった。

右に論じたことを前提にしていえば、現実の変化に合わせた解釈変更は、むしろ憲法を守るものなのである。一方、現実の変化にもかかわらず解釈の変更を不可とするとすれば、それは憲法改正を唱えるということであった。ところが、現実に生じたことはまったく逆であり、集団的自衛権をめぐる解釈変更を徹底して批判する側が護憲であり、解釈変更をすべしという政権側が改憲論なのであった。「憲法」をめぐる論議とはかくもやっかいなものなのか、それともわれわれが「憲法」に化かされているのか、どちらであろうか。

このちぐはぐが生じた最大の原因は実ははっきりしている。憲法を論じるもの、とりわけ護憲論者は、憲法のみから出発して、同時にまたすべてを憲法に帰着させているからである。憲法論しかないのである。本来は、憲法を論じるには、国家論が必要とされ、現実の歴史的世界への理解が必要であり、その成立に関わる歴史状況への視点が不可欠であり、さらには憲法についての法哲学がなければならないであろう。さもなければ、たとえば現日本国憲法の良し悪しなど論じることもできない。それができなければ護憲も改憲もないであろう。

ただ現状にあって興味深いことは、概して改憲派の側が、現憲法の作られた歴史的状況や現実の世界的状況を論じ、国家論との関わりで憲法を論じようとしている、という点である。それに対して、護憲派の多くが、その歴史的状況や現実との関係とは独立に、憲法の三原則、とりわけ平和主義の絶対性を持ち出して護憲の根拠としている。護憲派にとっては、平和主義の絶対的正義からすれば、国家論もその成立過程も、現実の変化も無関係なのである。それこそが、歴史を超越した、あるいは政策を超越した人類の理想だからだ。護憲派にとっては、国家論も歴史論も状況論も不必要なのである。

さて、実はこのことがさし示す問題はたいへんに重要である。多くの護憲派憲法学者にとっては国家論も歴史論もない。憲法だけがすべてである。この事実は、実は、ただ護憲派憲法学者の怠慢や驕《おご》りというだけではなく、それこそが「憲法」そのものから導かれることだからだ。少なくとも、憲法学者は、近代憲法とは、基本的人権保障、国民主権（民主主義）、権力分立の原則を謳《うた》ったものだという。さらにいえば、近代憲法の本質は、国家権力に対する基本的人権保障に求められるといわれる。なぜなら、基本的人権こそは「自然権」であり、人間が人間として存在するためのもっとも根本的な条件だからだ、という。そうだとすれば、国家論も歴史論も不必要となる。基本的人権は国家に先行し、歴史を超越するからだ。

そして、この理解は、たとえば日本国憲法においてさらに恐るべき帰結を生み出す。憲法学者は、人々の生命、財産、自由といった基本的人権保障が担保されるためには戦争があってはならない。つまり、戦争放棄が不可欠となる。かくて、日本国憲法の三原則、すなわち、基本的人権保障、平和主義、国民主権（民主主義）の三原則はセットであり、それこそが近代憲法の理念のもっとも完全な実現だ、という（それに比べれば、他国の憲法はみな不完全なものだ、ということになる）。

確かに、ある意味ではその通りであろう。そしてそれがゆえに、これは恐るべきことといわねばなるまい。なぜなら、憲法九条に示された戦争放棄、武力放棄の平和主義を厳格に解釈すれば、日本はいっさいの防衛を放棄することになる。そして、いっさいの防衛を放棄した国家は、その国民の生命、財産を保護しえないという意味で、基本的人権保障をも放棄することになるからである。

要するに、これでは主権国家として成立しない。言い換えれば、平和主義によって「主権国家」としての日本は崩壊させられる。そして、実はそれこそが近代憲法の純粋化された意思であった。近代憲法とは何よりもまず「国家」を無化し、無力化するものだったからである。国家とは、憲法学者（およびリベラル系の政治学者）の理解では、公式化され正当化された権力機構である。その権力行使を可能な限り極小化し無化する、というのが近代憲法の役割であった。少なくとも、国家という歴史的・人為的統治体よりも「自然」における権利主体としての「個人」の方が上位にくる。この個人に対して作動する権力をできるだけ制限するのが近代憲法であり、リベラルな政治学であった。平和主義は、その極限である。平和主義によって、国家のもつ権力機構の中枢（軍事力）は解体される。国家は無力化される。そしてその結果としてどうなるか。他国からの攻撃に対して国家は、国民の基本的人権さえも守ることができないのである。

とすれば、他国の憲法は近代憲法として不完全であるものの、その不完全性のゆえんは、国家の存立を前提とし、国家の存立を憲法の前提条件にしているからだ。いわばわざと不完全にしているのである。ただひとり日本国憲法だけが、近代憲法の原則を律儀に表現したために、国家の存立を前提としない、ということになった。平和主義の絶対性とはそういう意味である。

厳格に理解されたいっさいの戦争放棄という、確かに考えられる限りのラディカルさをもった日本国憲法の平和主義は、自らによって国を守る手立てをすべて放棄するという意味で、国家の存立を前提としないのである。恐るべきラディカルさである。それからすれば、個別的自衛権はあるものの集団的自衛権は認められていない、などという現実的でもなければ理想的でもない、中途半端で何か気の抜けたような護憲など、本当に近代憲法としての日本国憲法への愛着をもっているのか、という気にもなるのである。

私は、厳格に理解されたこのあまりに見事な近代的立憲主義に立った日本国憲法ならノーベル平和賞もよいではないか、とつい逆説的かつ自虐的(なぜなら、自国がなくなりえるわけだから)に思ってしまう。そもそもノーベル平和賞の精神も反国家的であり、戦争を引き起こすものは国家である、という暗黙の前提に立っているからだ。平和のために、自国を解体する(たとえば国連の信託統治に委ねる)などという徹底した反国家主義、国際主義がありえたとすれば、ノーベル平和賞をいくつもらってもまだ足りないだろう。

それはさておき、憲法というものに対する私の不信、というか、不明はそのあたりにある。基本的人権による国家権力の抑制という近代憲法の精神、もしくは近代立憲主義なるものが、根本的に矛盾を含んでいる、ということなのだ。そして、その矛盾は、一方で、近代憲法を、歴史的存在であり政治的存在である国家よりも上位におき、他方では、現実に国家によって憲法が作動しているという点にある。実際には、国家の権力機構がなければ憲法も成り立たないのである。政治がなければ、具体的な状況のなかで人々の生命も財産も保護されえないのであり、それは国家権力を前提としているのである。

とすれば、われわれは憲法から出発するのではなく、国家から出発しなければならない。日本は促成栽培で一夜漬《づ》けで作り出された国家ではない。それなりの歴史をもち、経験をもち、国民性や文化を生み出してきた国にあっては、本来は、国民性や文化も含めたその国のありよう（「国のかたち」）に基づいた、いわば「歴史的憲法」とでもいうべきものを構想する必要があるだろう。一夜漬けで作られたのは現憲法の方なのである。日本という歴史的国家と日本国憲法という促成の憲法とどちらから始めるべきか、自明ではなかろうか。

（二〇一六年一月号）

「地方的なもの」の再生とは

グローバル化とは、端的にいえば、「利益」や「幸福」や「自由」を求める人間の欲望の空間的な展開といってよい。グローバル経済は、あたかも世界中のあちこちに金貨が埋まっており、うまくそれを掘りあてた者には多大の利益を与え、さらに人間の自由を世界中に拡張する巨大な舞台であるかのように思われた。国家というボーダーは「利益」と「自由」と「幸福」に対する制約だと宣伝されたのである。そして、「利益」「自由」「幸福」の追求こそが近代の価値であるとすれば、グローバリズムとはまさしく近代化の必然の帰結であった。

「利益」や「自由」や「幸福」へ向けられたあくなき欲望の空間的な延長がグローバリズムであったとすれば、その時間的な延長は成長至上主義であり、進歩主義もしくは革新主義であった。

「革新」は、旧来の価値や制度の破壊をよしとし、伝統的で慣習的なものにはさしたる価値を求めない。過去は否定されるべき対象となり、過去の否定の上にしか未来は創造できないと考える。その基軸になるのが技術革新であった。技術革新とはただ新規な技術の発明というだけのことではない。それは、エネルギー資源のあり方から、消費文化、生活様式、社会構造まで含めた社会的様式の総合的な革新である。かつて鉄道や自動車の技術革新は社会構造そのものを変えたし、テレビや通信もそうである。近いところではＩＴや金融工学もそうであろう。技術の革新によって経済は無限に発展し、それは、個人の自由や幸福追求の機会を無限に拡張するものであった。ここに時間を通じた歴史の「進歩」を見ようとする信念は、マルクスからシュンペーター、さらには現代のアメリカ経済学者にいたるまで、ほぼ共有されていた。

このような、近代的価値の空間的な延長であるグローバリズムと時間的な延長である進歩主義（革新主義）を合わせて、「近代主義」と呼んでおこう。

とすれば、問題は、ただグローバル経済の不安定性や成長戦略の枯渇といったようなことではない。システムの機能不全ではなく、問題は、われわれの価値観にあるからだ。なぜなら、いくらシステムの不完全性が指摘され、グローバル経済の矛盾が論じられようとも、もっとも基底的なレベルにおいては、われわれは近代主義を希求してきたことは否定できないからである。もっとも基底的なレベルとは、いっそうの自由を、いっそうの利益を、いっそうの幸福を、結局はわれわれは求め続けてきた、ということにほかならない。誰もがその価値を正面から疑おうとはしなかったからである。

したがって、もしもグローバル経済がもはや先には進めないほどの矛盾を露呈しつつあるのだとすれば、それは時間軸に投射《とうしゃ》した革新主義、成長主義の限界でもある。すなわちここでわれわれは、「近代主義」そのものの臨界《りんかい》点にまで達したとみておく必要がある。問題はグローバルな資本主義というシステムにあるというより、近代主義という価値そのものにあるということだ。「グローバルな資本主義」なるものも、実は近代主義を構成するひとつの価値なのである。

今日、グローバリズムのもたらす経済的不安定に対してふたつの対抗策が論じられる。ひとつは「地域」の可能性という「ローカリズム」であり、もうひとつは戦略性をもった強い国家の必要という「ステイティズム」である。

この両者を私はとくに難じるつもりはないが、しかしそれだけでは不十分であろう。問題がもしも「近代主義」という価値のレベルにあるとすれば、事態ははるかに深刻だからである。「ローカリズム」は、あまりに「近代主義」という価値のもつ強力さを軽視する傾向にあり、「ステイティズム」は、それ自体が変形された近代主義だからである。しかも、ともすれば「ローカリズム」は「国」を軽視し（時には対立さえし）、一方「ステイティズム」は「地方」を無視する傾向がある。これではうまくゆかない。

近代の日本において「地方」を論じることはむずかしい。多くの場合、「地方」は封建的因習や村落的集団主義の温床とみなされ、その逆の場合には失われたノスタルジーの対象でしかなかった。いずれにせよ「都市化」「近代化」が当然の前提となっていたのである。

かつて農商務省の官僚として地方の農業政策にも携わった柳田国男は、近代化のなかで地方が疲弊し棄却されてゆくことを、無念な思いとともに、なかば致し方のないことだと考えていた。都市の提供する「利益」「自由」「幸福」はとくに若者を引きつける。消費文化の享楽に対抗できるものはもはや地方にはない。近代とは必然的に地方生活を枯渇させるものであった。そのなかで地方が生き残るとすれば、地方そのものが「近代化」するほかないのである。

そのことを柳田は残念に思い、悔しがったではあろうが、ことさら批判するわけではなかった。しかし、同時に柳田は、地方の民俗誌を調査し、まだ残されていた地方の「記憶」を記録してゆくことになる。柳田にとっては、地方とは「利益」「自由」「幸福」とはまったく対極の価値によって維持される場所であった。そこでは人々の生が、田畑や森という自然ととけ合い、精神の過剰な跳梁《ちょうりょう》は山の神や先祖という「聖なるもの」によって抑制されていた。つまり、地方的生とは、人、神、先祖、自然がとけ合って成り立っていた。いいかえれば、世俗の生は、宗教的なもの、歴史的なもの、自然的なものによって組み立てられていたわけである。

地方とは、ただ農村共同体でもなければ封建的家父長の温床でもなく、また単なる農耕産業地帯というだけではない。それは、山の神や森の自然などと一体化した様々な表象体系に囲まれた生であった。そして、それこそが実は「日本」であったのだ。

そうだとすれば、世俗の生をそのすべてから断ち切ろうとした戦後、あるいはもう少し広くいって近代日本が、地方を失ってゆくことは必然というほかない。しかもそれは、「地方」という以上に、「日本」を失ってゆくことでもある。

地方は基本的に貧しい。そこにきらびやかなものは何もない。さびしく厳しい。このような場所における生を支えるには、共同で守るべき神や先祖や自然がなければならなかったのであろう。そこに留まり、その場所に「住まう」ためには、神と先祖を求めるほかなかった。しかし神と先祖を生活の軸にすえることで、おそらくはもっと大切なものを手にしていた。それは、共同の生であり、自我の抑制であった。自らの「利益」と「自由」と「幸福」を求めていては、生活が成り立たないからである。そこから他者への配慮、和の精神、自然への感謝、先祖への思いがうまれてきた。それらは日本人の価値の基底を作り、生活の慣習に根をおろしてゆく。

近代主義の精神、すなわちグローバリズム的な脱場所化と、進歩主義・革新主義のもつ脱伝統化は、これらの「地方的な価値」とはまったく対立するものである。そして、今日のわれわれの根なし草的状況とは、近代主義にすっかり浸された結果というよりは、実際には、近代主義さえ全面的に受け入れることができない、というところに原因があると思われる。「地方的なもの」は、世俗的な生としては過去のものとなったが、それがもたらした価値は、依然としてわれわれの精神の奥底に堆積されているように思われる。そして、もしそうだとすれば、それはむしろ、われわれには幾分かの希望ともいえるだろう。「日本」がわれわれの精神の奥底にはまだ残っているということだからである。

ただし、それを自覚するには、今日、世界中で生じている近代主義の行き詰まりに対してもっと絶望する必要があるだろう。「日本」とは、ただそこにあるものではない。それは消えゆくものの自覚的な蘇生でしかないからである。

（二〇一一年一一月号）

中公新書ラクレ
603

「脱《だつ》」戦《せん》後《ご》のすすめ

2017年11月10日発行

著者……佐《さ》伯《えき》啓《けい》思《し》

発行者……大橋善光
発行所……中央公論新社
〒100-8152 東京都千代田区大手町 1-7-1
電話……販売 03-5299-1730　編集 03-5299-1870
URL http://www.chuko.co.jp/

本文印刷……三晃印刷
カバー印刷……大熊整美堂
製本……小泉製本

Published by CHUOKORON-SHINSHA, INC.
Printed in Japan　ISBN978-4-12-150603-0　C1210

中公新書ラクレ　好評既刊

L575 ゴリラは戦わない
――平和主義、家族愛、楽天的

山極壽一＋小菅正夫 著

ゴリラの世界は、誰にも負けず、誰にも勝たない平和な社会。石橋を叩いても渡らない慎重な性格で、〝戦わない〟主義。ゴリラが知ってる幸せの生き方とは何だろう？　平和主義、家族愛、楽天的人生……。人間がいつのまにか忘れた人生観を思い出す、ゴリラの生涯が人間の社会に提言をおくる。京都大学総長の山極壽一先生と旭山動物園の小菅正夫前園長の異色の対論集。ＡＩ化する現代社会の中で生きる人間に一石を投じる一冊！

L585 孤独のすすめ
――人生後半の生き方

五木寛之 著

「人生後半」を生きる知恵とは、パワフルな生活をめざすのではなく、減速して生きること。「前向きに」の呪縛を捨て、無理な加速をするのではなく、精神活動は高めながらもスピードを制御する。「人生のシフトダウン＝減速」こそが、本来の老後なのです。そして、老いとともに訪れる「孤独」を恐れず、自分だけの貴重な時間をたのしむ知恵を持てるならば、「人生後半」はより豊かに、成熟した日々となります。話題のベストセラー!!

L595 教育とは何？
――日本のエリートはニセモノか

尾木直樹＋茂木健一郎 著

国際社会の中で、日本人はどこまでバカになってきたか？　トレーニング主義や階段を上がるように、基礎から発展へと機械的に教えるステップアップ方式は、脳科学からも成果なく危険さえあるらしいです。そして、現在の教育での高校入試や偏差値教育は害悪でしかないのです。子どもたちは、学ぶ意欲は萎え自立力をなくしています。本書は、人間の「個性」を大切にした、世界レベルの教育改革を提言する「おぎ・もぎ対談」の決定版です！